超简单！

爱林博悦　编著

桥牌
自学一本通

人民邮电出版社

北　京

图书在版编目（CIP）数据

超简单！桥牌自学一本通 / 爱林博悦编著. -- 北京：人民邮电出版社，2023.11
ISBN 978-7-115-61652-4

Ⅰ．①超… Ⅱ．①爱… Ⅲ．①桥牌－基本知识 Ⅳ．①G892.1

中国国家版本馆CIP数据核字(2023)第075921号

免 责 声 明

内 容 提 要

桥牌是一种以扑克牌为道具进行智力较量的棋牌游戏，同时也是一项国际性的比赛项目。玩桥牌不分年龄，它不仅能锻炼玩家的逻辑思维能力和判断能力，而且能陶冶情操、丰富生活。

随着世界智力运动会的举办，桥牌被越来越多的人所熟知，也催生出了一批桥牌爱好者。市面上有很多桥牌教程，但这些书大多讲解桥牌的各种打法技术、桥牌进攻防守思路以及打牌逻辑等较为高深的内容，对零基础的桥牌新手来说很难理解。故而，笔者从初学者角度出发，编写了本书。本书共五章。第一章介绍了桥牌的起源与发展，以及桥牌用牌、桥牌术语、桥牌定约等级等相关基础内容。第二章主要介绍了桥牌的玩法流程，让初学者感受桥牌的魅力。第三章则详细讲解了桥牌叫牌相关的内容，让读者学会叫牌。第四章讲解了桥牌坐庄打法与防守打法的相关内容，让读者学习赢牌技能。第五章给出了一些实战案例，并对牌局进行了相关分析。此外，本书还配备了桥牌计分规则及相关分值速查表，方便读者计算牌局得分。本书内容介绍以图文形式呈现，让读者看图学打桥牌，更容易掌握桥牌玩法。

◆ 编　　著　爱林博悦
责任编辑　裴　倩
责任印制　彭志环

◆ 人民邮电出版社出版发行　　北京市丰台区成寿寺路 11 号
邮编　100164　　电子邮件　315@ptpress.com.cn
网址　https://www.ptpress.com.cn
北京天宇星印刷厂印刷

◆ 开本：700×1000　1/16
印张：8　　　　　　　　　　　　2023 年 11 月第 1 版
字数：104 千字　　　　　　　　2025 年 11 月北京第 2 次印刷

定价：39.80 元

读者服务热线：(010)81055296　印装质量热线：(010)81055316
反盗版热线：(010)81055315

目　录

第一章
桥牌入门必备知识

　　学习任何一种棋牌游戏，都有必要对这项棋牌游戏的相关信息进行基本了解。

　　本章先为桥牌的初学者大致讲解桥牌的起源与发展，并引出本书主要介绍的桥牌玩法形式——定约桥牌；随后介绍了桥牌的用牌、术语、定约等级等相关内容，带领桥牌初学者认识桥牌游戏。

1.1 初识桥牌

桥牌是一种四人玩的扑克牌游戏，也是一种带有一定竞技性且不分年龄的智力纸牌类游戏。

桥牌是世界上唯一具有统一比赛规则的扑克牌游戏，并且也已成为我国的正式比赛项目。

1.1.1 桥牌的起源与发展

桥牌的起源可以追溯到 16 世纪，现代桥牌被称为定约桥牌。下面一起来了解桥牌的起源与发展吧。

◎ 桥牌的起源

桥牌，起源于英国流行的一种名叫"凯旋"的纸牌游戏。随后，桥牌玩家将其与当时盛行的另一种纸牌游戏"惠斯特"相结合，经过创新得到了全新的纸牌游戏——惠斯特桥牌。

由于大家普遍认同桥牌是由惠斯特纸牌游戏发展来的，因此惠斯特桥牌也就被当作桥牌发展史上的第一阶段。

◎ 桥牌的发展

惠斯特桥牌的基本玩法是，四人围坐且相对的两人为一方，按顺时针顺序一张一张发牌，发到最后一张翻开让大家都看到，而翻开的这张牌的花色就是该牌局的"将牌花色"。

随着时间的推移，惠斯特桥牌的玩法有了变化，不再把翻开的最后一张牌的花色指定为将牌花色，而是由发牌人在看了手牌之后自主选择将牌花色，同时还可以把确定将牌花色的权利让给同伴。随后，逐步产生了"明手"，即庄家的同伴。

惠斯特桥牌之后，桥牌的玩法在桥牌玩家的创新下不断变化，并在 20 世纪初，产生了"竞叫桥牌"。

竞叫桥牌的游戏特点是，参与游戏的每个玩家都能像拍卖物品那样来竞争叫牌，以确定用哪一种花色的牌来做将牌。以"竞争"形式来叫牌，是桥牌玩法的重大创新。

在竞叫桥牌的玩法中，引入了成局奖分、满贯奖分、加倍、再加倍等机制，不仅丰富了桥牌玩法，还为桥牌游戏增加了更多趣味。玩家必须完成所竞叫的墩数才能得分，但牌局最后得分只与玩家得到的墩数有关（与叫牌阶数无关）。因此，在竞叫桥牌中，玩家总是尽可能地保持较低的叫牌阶数。

桥牌始于英国，而竞叫桥牌则在美国十分盛行。美国的桥牌爱好者在竞叫桥牌的基础上创造出了新的桥牌玩法，产生了定约式桥牌，也叫"定约桥牌"。

1.1.2 认识定约桥牌

在定约桥牌的玩法中，新增了确定最终定约的叫牌过程。在定约桥牌中，一局牌具体打哪种定约，以及由哪一方来做庄，都能通过叫牌确定。

叫牌，能使同伴之间互通牌情，以便找到最佳定约；同时也可以干扰对手选择对自己有利的定约，以此达到战胜对手的目的。

此外，定约桥牌还规定了只有叫到并得到指定的墩分，才能用于计算当前牌局是否得分成局，同时还新增加了局况的因素，并对叫到且做成的满贯定约给予奖分。

定约桥牌一出现就迅速流行于世界各地，逐渐发展至今。现如今，我们所说的桥牌，通常是指定约桥牌，本书也是以定约桥牌的玩法来展开介绍的，在书中简称桥牌。

1.2 桥牌用牌及高低大小

桥牌是纸牌游戏的一种玩法，游戏道具是一副扑克牌，四人参与游戏，两两组队。

1.2.1 用牌

桥牌玩法较为特别，扑克牌去掉大王、小王后，余下的52张牌为桥牌游戏的用牌，黑桃、红桃、梅花、方片等花色牌各13张，如下。

黑桃花色A～2点数展示图

红桃花色A～2点数展示图

梅花花色A～2点数展示图

方片花色A～2点数展示图

1.2.2 牌的高低大小

在桥牌这种纸牌游戏中，牌的花色之间有等级高低之分，牌的点数也有大小区别。

◎ **牌的花色高低**

以扑克牌花色黑桃、红桃、梅花、方片的英文拼写为区分依据，即梅花（Club），简称 C，方片（Diamond），简称 D，红桃（Heart），简称 H，黑桃（Spade），简称 S。英文首字母排序越靠后，花色等级越高；英文首字母排序越靠前，等级就越低。

因此，根据扑克牌四种花色的英文首字母顺序，花色等级由高到低依次为黑桃（S）＞红桃（H）＞方片（D）＞梅花（C），如下。

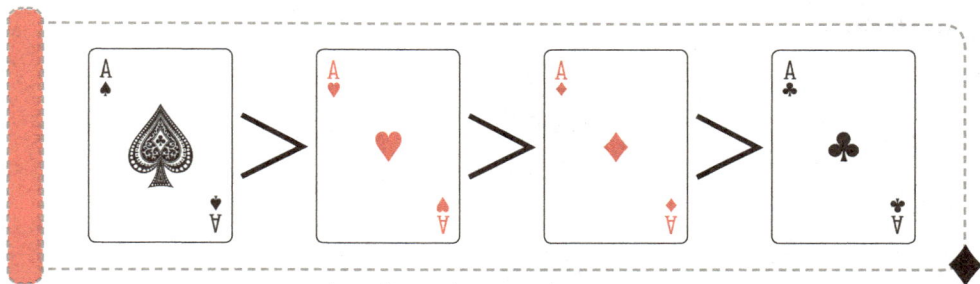

花色等级高低排序示意图

◎ **牌的点数大小**

结合桥牌的游戏玩法，扑克牌单牌的点数大小排序，从大到小依次为 A、K、Q、J、10、9、8、7、6、5、4、3、2，共 13 个点数。

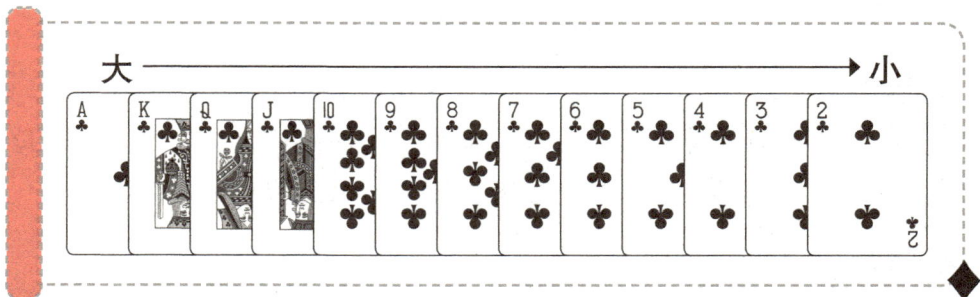

牌的点数大小排序示意图

1.3 需要记忆的桥牌术语

学习桥牌，有必要了解和掌握相关的玩牌术语。此外，桥牌作为一种风靡国际的纸牌游戏，其术语中有少部分是英文，只要大家熟悉之后，英文术语也能很容易被记住。

◆ 将牌

即 Trump，是指所叫成的有将定约的花色的牌，比如叫成有将定约的花色为红桃，那么所有红桃花色的点数牌就被称作将牌，将牌在牌力上强于其他三种花色的牌，可以钓将和将吃。

◆ 无将

即 No Trump（简称 NT），表示扑克牌的四种花色在同一等级上，无大小区别，不存在钓将和将吃。

◆ 牌花

即玩桥牌所用扑克牌的花色，分别有黑桃、红桃、方片、梅花这四种。

◆ 高花

即等级高的扑克牌花色，主要包括黑桃、红桃这两种。

◆ 低花

即等级低的扑克牌花色，主要包括方片、梅花这两种。

◆ 定约

即玩家为当前牌局具体打哪一个叫牌所做的约定（叫品本身包含了本局牌所打的花色和阶数），此定约一般通过叫牌实现。

◆ 定约方

即牌局中最终定约成功的那一方，定约方有两位。

◆ 防守方

即与定约方对立的一方，当定约方确定，另外两位玩家自动成为本局牌的防守方。

◆ 庄家

庄家只能在定约方里产生，通常是定约方里最先叫出实质性定约的那位玩家。

◆ 明手

在确定庄家之后，定约方中的另一玩家就成为明手。

◆ 首攻人

即坐在庄家下家（左手边）的防守方玩家。桥牌的出牌规则要求，由庄家的下家开始出牌，详细内容见第二章出牌的相关内容。

◆ 首攻

即首攻人打出本局的第一张牌。

◆ 过牌

即 Pass，一般只在牌局开始前的叫牌阶段使用，牌局开始后不允许过牌，必须出牌。

◆ 加倍与再加倍

都是用来增加牌局得分的手段。当自己这方阵营叫出加倍或再加倍时，既有可能赢得更多的筹码，也有可能输掉更多的筹码，因此加倍与再加倍的使用需要格外慎重。

◆ 叫品

即牌局在叫牌定约过程中所叫出的具体内容。

◆ 牌墩

四位玩家逆时针出牌，每位玩家各出一张牌，四位玩家都完成一次出牌为一墩。一副桥牌有13墩。

◆ 赢墩与输墩

赢墩指在一轮出牌中能赢的牌张。输墩指在一轮出牌中会输的牌张。

◆ 发牌

即把 52 张牌一一分发给四位玩家的过程。

◆ 叫牌

即确定本局牌最终为哪一种定约形式的过程。

◆ 开叫

即在叫牌过程中首次出现的实质性叫牌（可以是花色叫牌，也可以是无将叫牌），开叫的这位玩家就被称作开叫者。

◆ 应叫

即叫牌过程中对开叫者所做的应答叫牌。

◆ 争叫

即对手玩家开叫后自己这方所做的一切叫牌，看作与对手方的竞争叫牌。

◆ 再叫

即一轮叫牌后的再次叫牌。

◆ 出牌

即玩家把手中的扑克牌打出去的过程。

◆ 跟牌

即跟着上一玩家所出的牌去打出 1 张牌。

◆ 将吃

即牌局为有将定约时，玩家用手中的将牌去吃对手的牌。

◆ 宕墩

即定约方未完成定约时所缺少的牌墩。

◆ 牌点

即玩家手牌的整体实力，玩家可根据牌点大小去考虑是否要叫牌以及叫牌的阶数。

◆ 牌型

即玩家手中每种花色的牌是点数大的牌居多还是点数小的牌居多，或者是否缺少某种花色的牌。了解牌型的主要目的是评估赢牌的概率。

◆ 墩分

即定约方完成定约而得到的额外墩的分数。高花黑桃和红桃，每墩 30 分；低花方片和梅花，每墩 20 分。

◆ 奖分

即一个定约完成后，除这局牌应得的基本分之外，根据不同情况给予的奖励分。

◆ 飞牌

飞牌是桥牌打法中的一个出牌技巧，是指玩家用自己手中一张比对方小的牌，通过利用这张牌的有利位置来获得赢墩的一种方法。

◆ 套

套是指某一种扑克牌花色的长度，简单来说就是指手牌中一门花色牌的具体张数。在桥牌中，通常把 4 张及 4 张以上的套称为长套，把 2 张及 2 张以下的套称为短套。

◆ 短套点

即短套中的牌点。

◆ 长套点

即长套中的牌点。

1.4 认识桥牌里的墩

墩是玩桥牌需要重点了解的部分，它与庄家在本局牌中能否完成定约息息相关。

1.4.1 什么是墩

桥牌里的墩，可以按圈、轮去理解，如斗地主或麻将等棋牌游戏中说的一圈、一轮，在桥牌游戏中就被称作一墩，一圈牌也被叫作1墩牌。

在下图中，玩家1、玩家2、玩家3、玩家4依次出牌，一轮出牌即1墩。

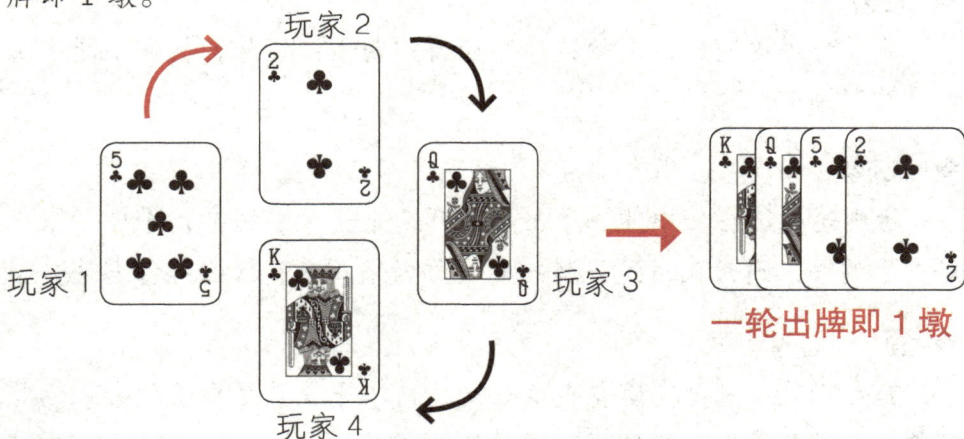

一轮出牌即1墩

也可以把墩看作玩家的手牌，根据桥牌出牌规则，玩家每轮只能出1张牌，故1张手牌算作1墩，有多少张手牌就有多少墩。

1.4.2 墩的类型

墩的计算根据庄家在牌局中出牌的输、赢情况来确定，分为赢墩和输墩。

◎ **赢墩**

以庄家出牌为例，在一轮出牌中，如果庄家打出的牌是最大牌，赢了对手的出牌，那么庄家出的这张牌就叫赢墩。

在下图中，首攻人出♣5，庄家让明手出♣2，防守方再出♣Q，庄家出♣A并赢得本轮胜利。故而，♣A就是庄家的赢墩。

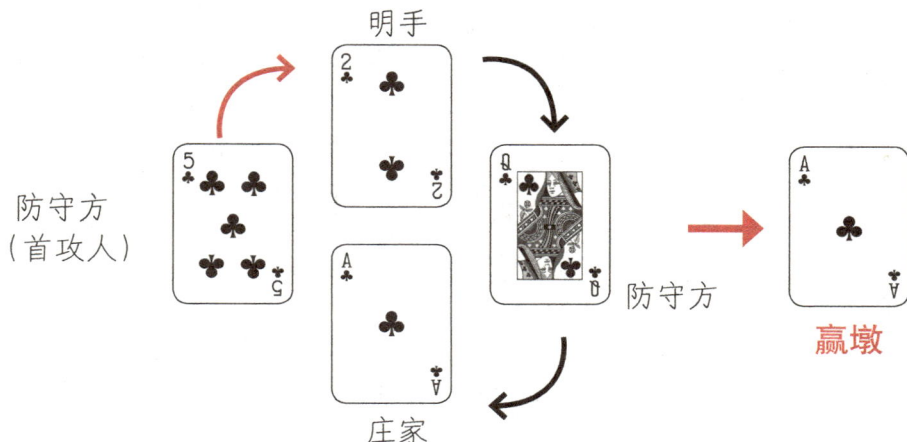

了解了赢墩，接下来认识一下与赢墩相关的"赢张数"。

计算赢张数，有助于判断A、K、Q、J等大牌作为赢墩的可能性，也是估算手牌牌力的一种手段。

例如，玩家持有花色牌情况如下图所示，其中方片、梅花和黑桃三种花色中均有A，故这三张A为必赢的牌张。而♥Q、J和♣J，在其他玩家手里没有同色的A、K等大牌后它们就有机会变成赢张，故♥Q、J这两张牌就叫"潜在赢张"。因此，玩家这副手牌的赢张数量可以看作6张。

玩家手牌展示图（1）

◎ **输墩**

　　以庄家出牌为例，在一轮出牌中，如果庄家打出的牌不敌对手的出牌，那么庄家出的这张牌就叫输墩。

　　在下图中，首攻人出♥2，庄家让明手出♥6，防守方打出♥A，庄家出♥3。由于防守方出的是红桃花色里的最大牌A，赢得本轮胜利，庄家这轮输牌，♥3就是庄家的输墩。

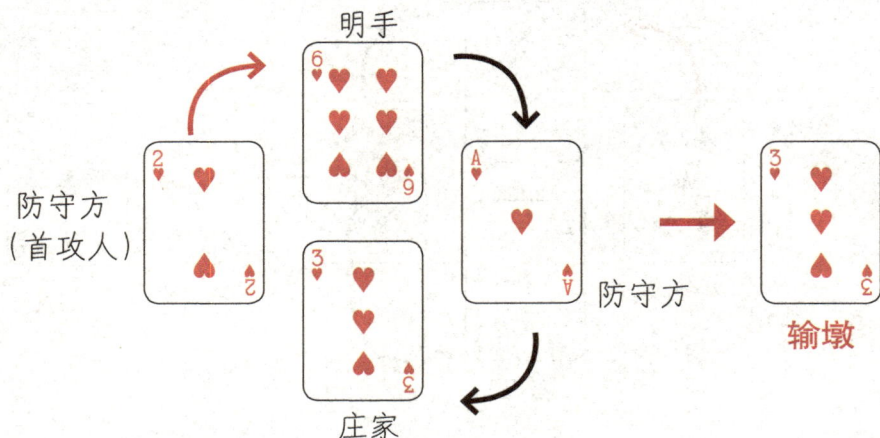

　　下面来认识一下与输墩相关的"输张数"。

　　计算输张数，是玩家检测手牌牌力强弱的重要方法，能让玩家对是否能拿到足够的赢墩并完成定约进行初步估算。

　　例如，玩家持有的花色牌情况如下图所示，手牌中除去♥A、K，♠Q、J，♦K，♣K、Q这7张赢张或潜在赢张外，其他点数小的牌张均是玩家手牌中无法赢牌的输张。因此，初步确定玩家这副手牌的输张数量有6张，即♥10、9，♠9、5，♦8与♣2。

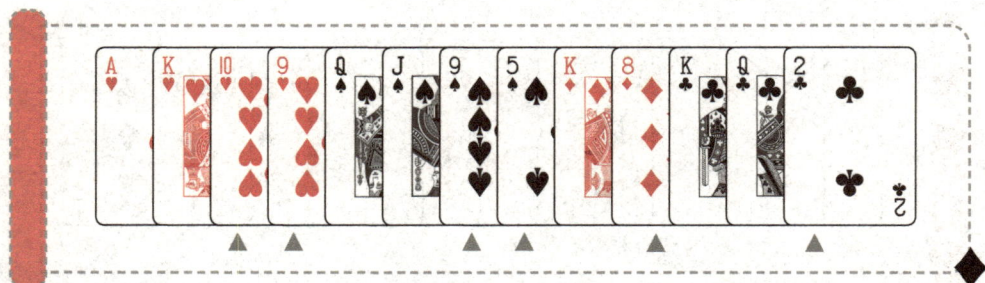

玩家手牌展示图（2）

◎ **赢墩与输墩的摆放**

玩家为了能明确区分出牌过程中拿到的赢墩与输墩，在一轮出牌分出输赢后，通常把赢墩竖着摆放，把输墩横着摆放，如下图所示。

赢墩竖放　　　　　　　　　　输墩横放

赢墩与输墩的摆放示意图

1.4.3 墩与是否完成定约的关系

根据定约桥牌的玩法规定,庄家一方取得该牌局胜利的目标墩数,为叫牌确定的定约阶数加上固定底数 6, 即 6+X, X 为牌局最终定下的定约阶数。

当玩家手中的牌全部打完之后，以庄家一方为计算方，把庄家的赢墩数量与目标墩数进行比对，通过赢墩的数量来判断庄家是否完成了定约。

◎ **定约完成**

定约完成表示庄家一方获胜，即庄家在本牌局拿到的赢墩数量，已经达到或超过了该牌局最终定约所要求的目标墩数。

例如，假设牌局最终定约为 2♣，那么在此牌局中庄家一方需要拿到的赢墩数（即目标墩数）为 8（6+2）墩。

观察下图，庄家的赢墩数量为9墩，超出目标墩数（8墩）1墩，故庄家完成定约。

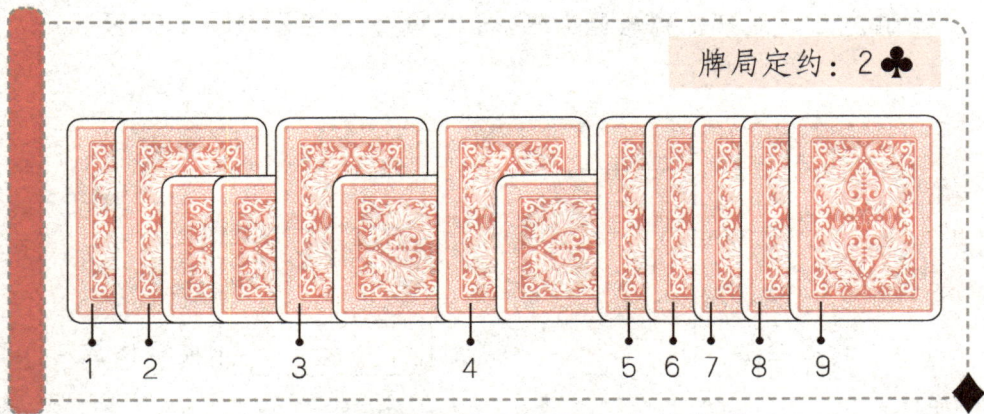

庄家一方所赢墩数展示图－定约完成

◎ 定约打宕

定约打宕表示庄家一方失败，防守方获胜，即庄家在本牌局拿到的赢墩数量，没有达到该牌局最终定约所要求的目标墩数。

例如，假设牌局最终定约依旧为2♣，那么在此牌局中庄家一方需要赢的墩数（即目标墩数）为8（6+2）墩。

观察下图，庄家最终的赢墩数量为7墩，未达到目标墩数（8墩），故庄家定约打宕。

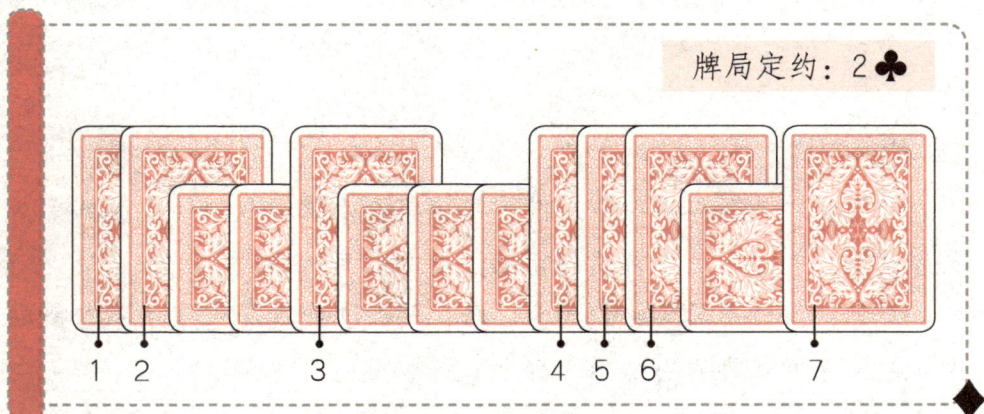

庄家一方所赢墩数展示图－定约打宕

1.4.4 获得赢墩的方式

在一局牌中拿到的赢墩数量，决定了本局游戏的输赢，因此可以把桥牌游戏看作"赢墩争夺战"。

在桥牌中，双方获得赢墩的常见方式有大牌赢墩、将吃赢墩、长套赢墩以及飞牌赢墩等。

◎ 大牌赢墩

桥牌所用的扑克牌本身就有点数大小之分，因此获得赢墩最简单的方式就是大牌赢墩。在一轮出牌中，谁出的牌最大谁就能拿到赢墩。

例如，假设牌局最终定约为3NT，完成定约需要的目标墩数是9（6+3）墩，首攻♥Q，庄家和明手所持手牌如下所示。

因为本局牌打的是无将定约，不受将吃赢墩的影响，故而定约方在该局中明确能拿到的赢墩就来自♠A、K，♥A，♦A，以及♣A这5张大牌。

牌局定约：3NT

庄家所持手牌：	明手所持手牌：
♠ A、K、10、9、5	♠ 8、6
♥ A	♥ 9、8、7、6、5
♦ Q、J、8、7	♦ A
♣ 10、9、6	♣ A、Q、5、3、2

无将定约－定约方所持手牌情况（1）

◎ 将吃赢墩

将吃赢墩是桥牌的另一种简单且直接的赢墩获取方式。但要注意，只有牌局在打有将定约时才能使用将吃。

例如，假设牌局最终定约为 4♠，黑桃花色为将牌，完成定约需要的目标墩数是 10（6+4）墩，首攻♣K，庄家和明手所持手牌如下所示，定约方共有 8 张将牌。

观察定约方的两副手牌可知，梅花花色中的大牌 A、K 都在防守方手里，故防守方首攻♣K，且连续攻梅花，庄家跟牌一轮后梅花已打缺，第二轮出牌就可打出♠6，通过将吃获得赢墩。

牌局定约：4♠	
庄家所持手牌：	**明手所持手牌：**
♠ A、K、J、9、6	♠ Q、10、4
♥ A、8、7	♥ K、10、4、2
♦ Q、10、9、8	♦ K、J、5、4
♣ J	♣ Q、7

有将定约－定约方所持手牌情况（1）

◎ 长套赢墩

无论牌局是打有将定约，还是打无将定约，玩家手中的长套花色牌，都是牌局中赢墩的来源。

在打有将定约时，兑现长套赢墩之前要尽量清空对手手里的将牌，如果对手手里还有将牌，那么己方想要通过长套花色来赢墩的想法，就会被对手的将吃而被迫中断。在打无将定约时，兑现长套赢墩要求己方手牌里有进手张。

例如，假设牌局最终定约为 4♥，红桃花色为将牌，完成定约需要的目标墩数是 10（6+4）墩，首攻♦K，庄家和明手所持手牌如下所示，定约方共有 8 张将牌。

观察定约方的两副手牌可知，手牌中大牌较少，多数大牌在防守方手里，而本局牌想要完成定约，就可以考虑尽量兑现己方手牌中的长套花色，比如明手手里的黑桃花色牌。

牌局定约：4 ♥

庄家所持手牌：	明手所持手牌：
♠ 9、2	♠ A、8、6、4、3
♥ A、Q、9、8、7	♥ K、J、6
♦ J、8、2	♦ 9、3
♣ A、7、2	♣ K、9、3

有将定约－定约方所持手牌情况（2）

◎ 飞牌赢墩

　　飞牌是庄家利用手牌中的次级小牌去获得赢墩的一种打法，本质是利用己方手里大牌张的有利位置，通过一定的出牌技巧去创造赢墩。这就需要玩家知道己方已有大牌张的位置。故而，使用飞牌来赢墩，就只有能看到己方两手牌的庄家才能实现。

　　例如，假设牌局最终定约为 1NT，完成定约需要的目标墩数是 7（6+1）墩，首攻♣A，庄家和明手所持手牌如下所示。

　　观察两副手牌可知，明手有♠A、Q，想要拿到这两墩，就需要庄家先出一张小牌：如果♠K 在首攻人手里，则♠Q 就有机会飞牌成功；如果♠K 在明手下家手里，则♠Q 就无法成为赢墩，飞牌就失败。

牌局定约：1NT

庄家所持手牌：	明手所持手牌：
♠ 8、7、3	♠ A、Q、J、6、2
♥ A、K、J、7、4	♥ 10、5
♦ A、Q、10	♦ J、8、4
♣ Q、10	♣ 8、5、2

无将定约－定约方所持手牌情况（2）

1.5 桥牌定约的等级

　　根据牌局最终定约的墩分，或者最终定约的具体阶数，可以把牌局定约分为不同的等级，即不成局定约、成局定约和满贯定约。

　　桥牌定约的等级分类如下。

桥牌定约的等级		
不成局定约	定约墩分＜ 100 分	
成局定约	定约墩分＞ 100 分	3 阶以上的无将定约
		4 阶以上的高花定约
		5 阶以上的低花定约
满贯定约	小满贯定约	6 阶 （6C、6D、6H、6S、6NT）
	大满贯定约	7 阶 （7C、7D、7H、7S、7NT）

　　本节内容仅展示桥牌定约的等级，具体如何计算定约的墩分，将在第二章的"计分"中详细介绍。

第二章

了解桥牌玩法流程

　　本章主要带领桥牌初学者了解桥牌的玩法流程以及相关内容，让桥牌初学者知道应该如何去打桥牌，也能对桥牌有更清楚的认识，从而为后面章节内容的学习打下基础。

2.1 搭档和方位

玩桥牌需要四位玩家，分别坐在东、南、西、北的位置上（见下图）。在桥牌中，通常把坐在南、北方位的玩家称南北方，把坐在东、西方位上的玩家称东西方。

为何要区分南北方与东西方？

在牌局进行中，会涉及局况，而局况又与玩家所坐的方位有关系，同时局况又影响着牌局最终计分，因此，需要对玩家坐的方位进行区分。

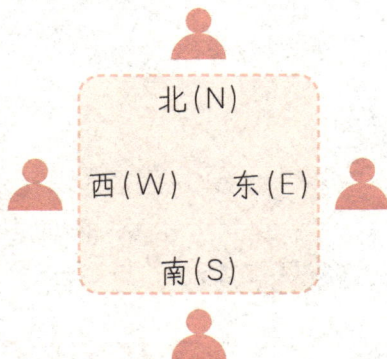

北(N)

西(W)　　东(E)

南(S)

座位示意图

根据规则，叫出牌局最终定约的一方为定约方。如果打无将定约，定约方里最先叫出无将定约或者是实质性叫牌的玩家为庄家；如果打有将定约，定约方里最先叫出定约花色的玩家为庄家。在确定庄家后，定约方中的另一玩家则为明手，且坐在庄家左手边的防守方玩家成为首攻人。

那么另一位防守方玩家应该如何称呼呢？

站在明手的角度，结合出牌顺序，可以把这位防守方玩家称为"明手下家"，见下图。

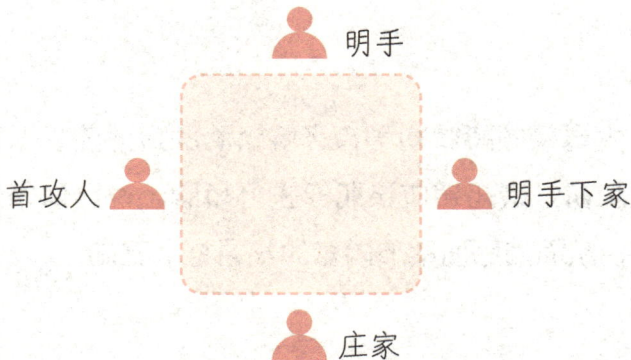

明手

首攻人　　　　　　　　　明手下家

庄家

玩家叫法示意图

2.2 洗牌与切牌

洗牌与切牌是玩纸牌类游戏前的基本操作，洗牌、切牌可以避免一些非常规情况出现。下面简单介绍洗牌和切牌。

2.2.1 洗牌

在每局开始前需要洗牌，对战双方可提前约定好洗牌顺序。

右图为常用的洗牌手法，双手分别拿牌，然后进行弹洗，让牌交错混合，建议多洗几次，尽量把牌打乱。

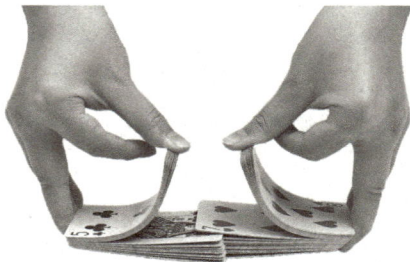

洗牌示意图

2.2.2 切牌

在洗牌后，可以要求由洗牌玩家的对手来切牌。切牌就是在洗牌后，再次打乱牌的顺序，让牌整体排列得更加没有规律。切牌示范如下图。先把牌摞任意切分成两摞（编号①、编号②），然后再把编号②的牌摞叠在编号①的牌摞上。

牌摞   任意切分成两摞   把牌合拢

切牌过程示意图

2.3 发牌

2.3.1 发牌规则

桥牌游戏的发牌规则，要求由洗牌的玩家，按顺时针顺序，从自己开始依次发牌，一次发1张，将52张牌分发给四位玩家，每人13张，见下图。

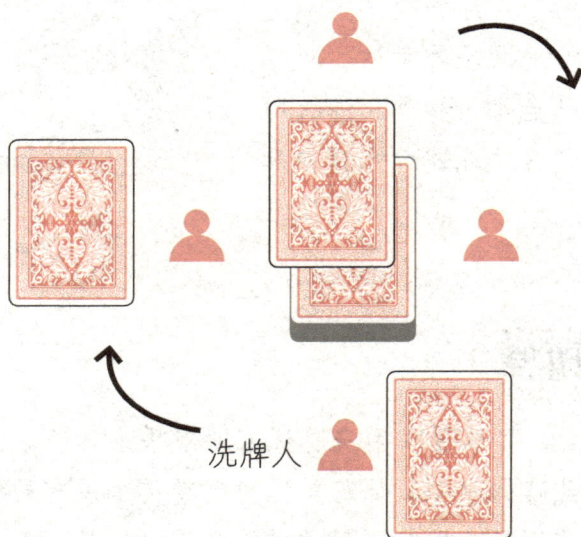

洗牌人

发牌示意图

2.3.2 发牌注意事项

玩家在发牌时，有以下几点需要注意。

1．玩家要按规定的发牌顺序执行。

2．如果在发牌过程中翻出了明牌，就要重新洗牌后再发牌。

3．如果在发牌过程中发错了牌，同样需要重新洗牌后再发牌。

2.4 理牌

理牌是指先把牌按红桃、梅花、方片、黑桃花色进行分类，然后在每种花色里按点数大小排序。手牌整理好之后，再把牌呈扇形拿好（见下图）。

注意，理牌时可以把两黑、两红的四种花色牌间隔摆放，便于认牌。

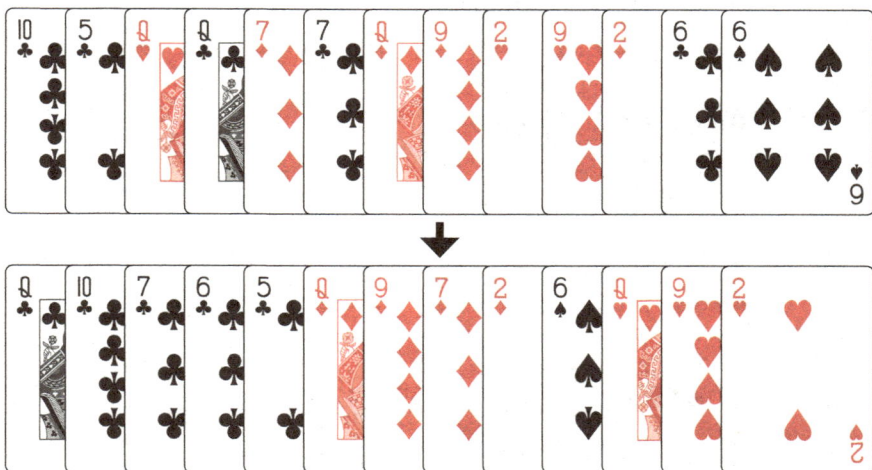

理牌操作示意图

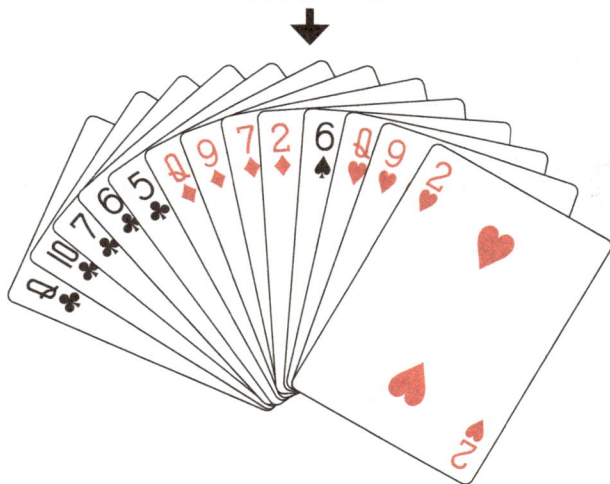

手拿牌示意图

2.5 叫牌

叫牌是为了给牌局确定一个将牌花色和阶数，这种行为也叫定约。玩家可以通过叫牌，来与同伴传递手牌好坏的情况，以便己方找到最合适的定约阶数。

由于桥牌叫牌涉及的内容较为复杂，因此本节只简单介绍应该如何叫牌，关于叫牌的更多内容则在第三章进行详细讲解。

2.5.1 叫牌包含要素

叫牌包含"花色"和"阶数"两个要素，花色决定将牌花色，阶数决定庄家赢墩数量。

◎ 花色

第一章介绍了梅花、黑桃、方片、红桃这四种扑克牌花色在桥牌中的等级高低排序情况。由于黑桃和红桃被认为是高级花色，简称"高花"，方片和梅花则是低级花色，简称"低花"，故在叫牌里，高花定约大于低花定约。

♠ ♥ ➜ 高花   ♦ ♣ ➜ 低花

◎ 阶数

桥牌中，把叫牌的阶数分为 7 阶，分别是 1 阶、2 阶、3 阶、4 阶、5 阶、6 阶、7 阶。

2.5.2 叫牌过程

通常情况下，由发牌人率先叫牌，其余玩家按顺时针顺序依次叫牌。叫牌有跟着叫牌、加倍、再加倍以及过牌等多种选择（见下方），直到大家对某位玩家叫出的定约没有异议，即可结束叫牌。

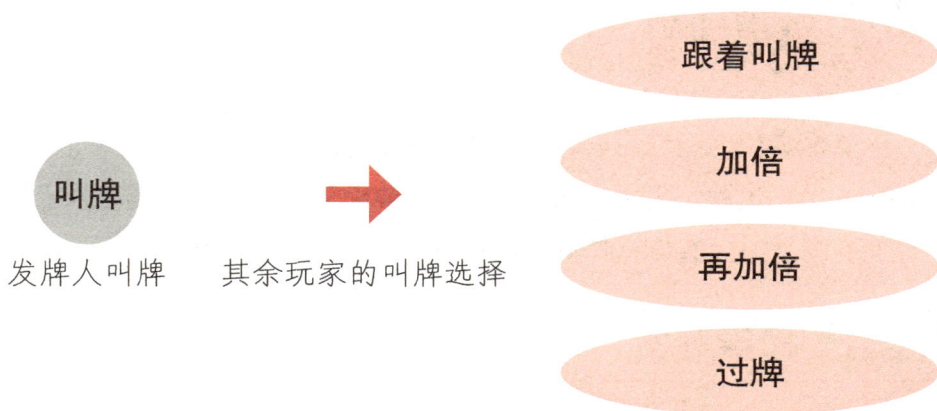

叫牌

发牌人叫牌   其余玩家的叫牌选择

跟着叫牌

加倍

再加倍

过牌

当某位玩家叫出最终定约，针对该牌局，需要确认以下相关信息。

首先，叫出最终定约的玩家及其同伴成为"定约方"，另外两位玩家成为"防守方"。

其次，定约方里先叫出定约花色的玩家为庄家，另一位为明手。

2.5.3 叫牌定约类型

本小节介绍的是通过叫牌确定的定约类型。确定打有将定约，还是打无将定约，主要看牌局的最终定约形式。

如果定约是阶数＋花色的形式，那么这局牌就打"有将定约"；如果定约是阶数＋NT 的形式，那么这局牌就打"无将定约"。

有将定约 ➡ 阶数 ➕ ♠ / ♥ / ♦ / ♣

无将定约 ➡ 阶数 ➕ NT

2.6 出牌

在确定定约类型和庄家之后，坐在庄家左手边的防守方玩家则作为首攻人，率先出牌。当首攻人打出第一张牌后，明手需要把自己的手牌全部放在桌上，向其他三位玩家展示。明手出牌只能听庄家指挥。

2.6.1 出牌要求

桥牌的发牌、叫牌以及出牌，都是按顺时针方向来进行的，而且只能一张一张地出牌。例如，首攻人先打出一张♣5，按顺时针方向等待明手出牌，见下图。

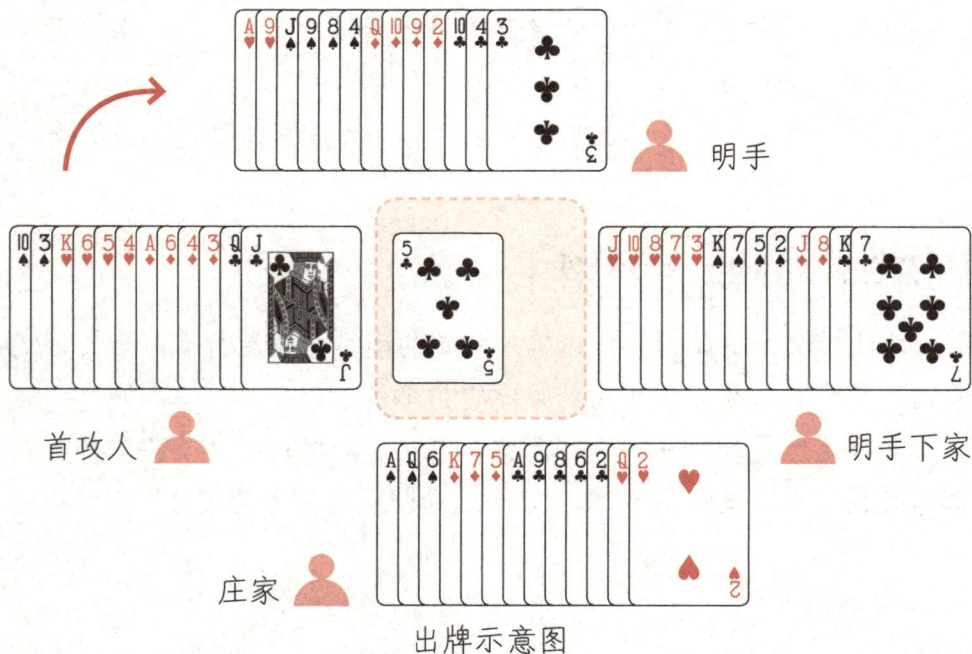

出牌示意图

2.6.2 出牌选择

出牌需要区分牌局打的是有将定约，还是无将定约。有将定约比无将定约要多一种出牌选择，即将吃。根据出牌的原则，玩家出牌有跟出同花色的牌、垫牌以及打出将牌等多种选择，见下方。

出牌

首攻人出牌   其余玩家的出牌选择

跟出同花色的牌

垫牌

打出将牌

桥牌的跟出牌原则是：当手牌中有与所出牌相同的花色牌时，如果对手玩家或同伴打出大牌则自己跟出小牌，如果对手玩家或同伴打出小牌则自己跟出大牌。当手牌中没有与所出牌相同的花色牌时，就需要垫出其他花色的牌或将吃。需注意，垫牌是一种特殊的跟牌形式。

2.7 计分

桥牌的得分计算较为复杂，除了考虑基本的计分因素，还需考虑局况，局况也影响着获胜玩家的最终得分。

2.7.1 局况

局况是桥牌爱好者为了增加桥牌的竞技性和趣味性而人为设置的，分为有局、无局两类。

结合玩家坐的方位,局况被细分为双方无局、南北有局、东西有局、双方有局四种，并以 16 组为一个循环进行编排。局况编排顺序如下。

①双方无局	②南北有局	③东西有局	④双方有局
⑤南北有局	⑥东西有局	⑦双方有局	⑧双方无局
⑨东西有局	⑩双方有局	⑪双方无局	⑫南北有局
⑬双方有局	⑭双方无局	⑮南北有局	⑯东西有局

　　如果条件允许，打牌前可以准备 2、4、8 或 16 副牌，全部发完后再打牌，甚至可以使用牌套或牌盒。但日常生活中玩桥牌完全没必要准备 16 副牌，可以采取给牌局编号的方式来对应局况，编号至 16 后再重新开始新一轮的编号。

小编说

　　在正规的桥牌比赛中，有专门放牌的牌套，上面会有该副牌的发牌人、局况等相关信息。因此，可以从牌套上知道当前这副牌的局况、发牌人等信息，不需要特别去记忆局况，简单了解即可。

　　注意，在牌套上会有颜色标识，有局一般用红色表示，而无局则用绿色或黑色表示。

2.7.2 计分组成

　　桥牌计分主要包括墩分、奖分、罚分这三部分。其中奖分和罚分的最终得分计算，会受到局况影响。

　　当庄家（定约方）完成定约，其最终计分由墩分和奖分构成；当定约打宕，就需要计算罚分，即防守方的最终得分。

◎ **墩分**

　　在牌局没有加倍且庄家定约完成的情况下，墩分的计算方式为：打有将定约时，墩分为定约阶数 × 每墩牌的基础分值；打无将定约时,墩分为第一墩基础分值＋[第二墩及之后每墩的基础分值×(定约阶数 −1)]。

根据叫牌确定的最终定约,当牌局分别为有将定约或无将定约时,墩分会有差异。

此外,在有将定约牌局里,将牌花色不同,每墩牌的基础分值也有差异。在无将定约牌局里,第一墩牌和第二墩牌以及之后的每一墩牌的基础分值也不同,如下。

有将定约			
墩分	未加倍 (基础分值)	加倍 (×2)	再加倍 (×4)
将牌为高花,每一墩	30	60	120
将牌为低花,每一墩	20	40	80
无将定约			
墩分	未加倍 (基础分值)	加倍 (×2)	再加倍 (×4)
第一墩	40	80	160
第二墩及之后每一墩	30	60	120

墩分详情展示

根据墩分计算方式,下面简单演示如何计算最终墩分。

例如,假设牌局打有将定约,定约为 2 阶低花,墩分计算如下。

有将定约:2 阶低花			
最终墩分	未加倍	加倍	再加倍
阶数 × 每墩牌的基础分值(2×20)	40	80	160

有将定约－低花的墩分计算展示

又如，假设牌局打有将定约，定约为 4 阶高花，墩分计算如下。

有将定约：4 阶高花			
最终墩分	未加倍	加倍	再加倍
阶数 × 每墩牌的基础分值（4×30）	120	240	480

有将定约 – 高花的墩分计算展示

又如，假设牌局打无将定约，定约为 3 阶无将，墩分计算如下。

无将定约：3 阶 NT			
最终墩分	未加倍	加倍	再加倍
40+（2×30）	100	200	400

无将定约的墩分计算展示

◎ 奖分

奖分包含超墩奖分和定约奖分。

超墩奖分是指庄家打成定约且在牌局没有加倍的情况下，用所得赢墩总数减去该牌局的目标墩数后多出来的赢墩得分，其计算方式为：超墩数量 × 每墩牌的基础分值。

注意，超墩的基础分值与墩分的基础分值是一样的。

例如，假设牌局最终定约为 3 阶高花的有将定约，没有加倍。这时，庄家赢墩总数为 11 墩，而定约完成的目标墩数是 9（6+3）墩，庄家超额拿墩，其超墩奖分计算如下。

有将定约：3 阶高花	
目标墩数为 9 墩，庄家赢墩总数为 11 墩，超出 2 墩	
超墩奖分	2×30=60（注：高花的每墩基础分值为 30）

超墩奖分计算展示

　　根据当前牌局的墩分情况，定约奖分包含是否成局的奖分、满贯奖分以及定约完成同时带有加倍的奖分等多种情况。

　　此外，受局况影响，各个情况的奖分数值设定是不同的。

　　当该牌局的墩分低于100，则该牌局为不成局定约。此时，无论牌局是有局还是无局，不成局定约的奖分都是50。

　　当该牌局的墩分超过100，则该牌局为成局定约。此时结合局况，有局一方的奖分为500，无局一方的奖分为300。

是否成局的奖分	该牌局所得墩分 < 100，为不成局定约	局况	有局	奖分：50
			无局	奖分：50
	该牌局所得墩分 > 100，为成局定约	局况	有局	奖分：500
			无局	奖分：300

定约是否成局 - 奖分

当定约为满贯定约时，也有对应的奖分。

满贯奖分	小满贯：6阶定约	局况	有局	奖分：750
			无局	奖分：500
	大满贯：7阶定约	局况	有局	奖分：1500
			无局	奖分：1000

满贯定约 - 奖分

当完成加倍的定约，可另外获得50奖分；当完成再加倍的定约，可另外获得100奖分。

定约完成同时带有加倍的奖分	加倍	奖分：50
	再加倍	奖分：100
说明： 如果该牌局没有加倍，就没有奖分		

定约完成同时带有加倍 - 奖分

当超额完成加倍或再加倍的定约，如果己方是无局方，完成加倍的定约，每超1墩奖分100；完成再加倍定约，每超1墩奖分200。如果己方是有局方，完成加倍的定约，每超1墩奖分200；完成再加倍定约，每超1墩奖分400。

定约超额完成同时带有加倍的奖分	局况	有局	加倍	奖分：200
			再加倍	奖分：400
		无局	加倍	奖分：100
			再加倍	奖分：200
说明： 当该牌局超额完成，如果没有加倍，奖分直接是该牌局的超墩奖分				

定约超额完成同时带有加倍且不同局况 - 奖分

注意，设置奖分是为了促使玩家更多地去选择高阶定约，在加倍或再加倍后，由于墩分的翻倍，定约奖分会有所不同。

◎ 罚分

如果定约打宕，定约方就会有相应的罚分，并由防守方获得该罚分。定约方宕的墩数越多，罚分就越多。

罚分最终计算需要考虑局况、定约是否加倍或再加倍、定约宕墩数这三个因素。

当被打宕的定约没有加倍，只需考虑局况和宕墩数，即无局方每个宕墩50分，有局方每个宕墩100分。

当被打宕的定约加倍，无局方宕第1墩罚100分，宕第2墩罚300分，宕第3墩罚500分，其后每多宕1墩多加300分（从宕第4墩开始）；有局方宕第1墩罚200分，其后每多宕1墩加300分（从宕第2墩开始）。

当被打宕的定约再加倍，庄家罚分等于相同情况下定约加倍时的罚分×2。

宕墩	无局方			有局方		
	未加倍	加倍	再加倍	未加倍	加倍	再加倍
宕1墩	50	100	200	100	200	400
宕2墩	100	300	600	200	500	1000
宕3墩	150	500	1000	300	800	1600
宕4墩	200	800	1600	400	1100	2200
宕5墩	250	1100	2200	500	1400	2800
宕6墩	300	1400	2800	600	1700	3400
宕7墩	350	1700	3400	700	2000	4000
宕8墩	400	2000	4000	800	2300	4600
宕9墩	450	2300	4600	900	2600	5200
宕10墩	500	2600	5200	1000	2900	5800
宕11墩	550	2900	5800	1100	3200	6400
宕12墩	600	3200	6400	1200	3500	7000
宕13墩	650	3500	7000	1300	3800	7600

定约打宕－罚分

2.7.3 计分演示

前面已经介绍了桥牌是如何计分的，下面结合实际案例，介绍当定约方的定约完成或定约打宕时，各自的计分过程。

◎ 定约完成的计分

当定约完成时，该牌局的最终得分可以按以下步骤来计算。

第一步：
根据定约阶数，算基础墩分 →
假设定约阶数为 n，则基础墩分计算如下
低花（方片、梅花）：基础墩分 $=20 \times n$
高花（黑桃、红桃）：基础墩分 $=30 \times n$
NT：基础墩分 $=40+30 \times (n-1)$

第二步：
看该牌局是否加倍，算最终墩分 →
未加倍：最终墩分 = 基础墩分
加倍：最终墩分 = 基础墩分 $\times 2$
再加倍：最终墩分 = 基础墩分 $\times 4$

第三步：
看是否达到成局定约的标准，算成局奖分或不成局奖分 →
成局定约：有局方—成局奖分 =500
无局方—成局奖分 =300
不成局定约：有局或无局—不成局奖分 =50

第四步：
如果为成局定约，判断是否为满贯定约，算满贯奖分 →
小满贯定约：有局方—满贯奖分 =750
无局方—满贯奖分 =500
大满贯定约：有局方—满贯奖分 =1500
无局方—满贯奖分 =1000

第五步：
看定约是否加倍，算加倍奖分 →
未加倍：无加倍奖分
加倍：加倍奖分 =50
再加倍：加倍奖分 =100

| 第六步：
计算赢墩数量，看是否有超墩，算超墩奖分 | → | 假设超的墩数为 n
未加倍：
低花有将定约—超墩奖分 $=20 \times n$
高花有将定约—超墩奖分 $=30 \times n$
无将定约—超墩奖分 $=40+30 \times (n-1)$
加倍：
有局方—所有定约超墩奖分 $=200 \times n$
无局方—所有定约超墩奖分 $=100 \times n$
再加倍：
有局方—所有定约超墩奖分 $=400 \times n$
无局方—所有定约超墩奖分 $=200 \times n$ |

  无将定约与有将定约的计分流程基本一致，其中超墩奖分与定约奖分的计算方法相同，只是基础墩分的计算方式有一点区别。

  例如，下面为定约方完成定约并加倍的情况，局况为南北有局（即东西无局），东西方为定约方，庄家为东家，定约为 2 阶高花有将定约，定约完成同时超 2 墩，庄家的最终得分计算如下。

定约完成得分计算 （定约方无局，加倍）	
基础墩分 （高花，每墩 30 分）	$2 \times 30=60$
最终墩分 （牌局有加倍）	$60 \times 2=120$ （最终墩分高于 100，为成局定约）
定约奖分＋定约加倍奖分	$300+50=350$ （无局方定约成局奖分＋加倍奖分）
超墩奖分	$2 \times 30=60$
最终得分	$120+350+60=530$

又如，下面为定约方完成定约且没有加倍的情况，局况为双方有局，南北方为定约方，庄家为北家，定约为 6 阶低花有将定约（即小满贯定约），定约完成且无超墩，庄家的最终得分计算如下。

定约完成得分计算	
（定约方有局，没有加倍，小满贯定约）	
基础墩分 （低花，每墩 20 分）	6×20=120 （最终墩分高于 100，为成局定约）
定约奖分	500（有局方定约成局奖分）
满贯奖分	750（有局方小满贯奖分）
最终得分	120+500+750=1370

◎ 定约打宕的计分

定约打宕的最终罚分计算，要根据定约方的局况、定约是否加倍或再加倍以及定约宕墩数等情况来计算。其中，定约是否加倍，对罚分的计算有影响。下面分别从没有加倍、加倍、再加倍来演示罚分计算。

例如，下面为定约打宕且没有加倍的情况，南北方为定约方，庄家为南家，牌局定约为 4 阶高花有将定约，庄家定约打宕，宕 3 墩。当局况为东西有局（即南北无局）时，庄家的最终罚分如下。

定约打宕罚分计算	
（4 阶高花有将定约，定约方无局，宕 3 墩，没有加倍）	
无局	每个宕墩 50 分
宕墩	宕 3 墩
最终罚分	3×50=150

例如，下面为定约打宕且没有加倍的情况，南北方为定约方，庄家为南家，牌局定约为4阶高花有将定约，庄家定约打宕，宕3墩。当局况为南北有局时，庄家在本牌局中的最终罚分如下。

定约打宕罚分计算	
（4阶高花有将定约，定约方有局，宕3墩，没有加倍）	
有局	每个宕墩100分
宕墩	宕3墩
最终罚分	3×100=300

例如，下面为定约打宕且有加倍的情况，东西方为定约方，庄家为西家，牌局定约为6阶无将定约，庄家定约打宕，宕5墩。当局况为南北有局（即东西无局）时，庄家的最终罚分如下。

定约打宕罚分计算	
（6阶无将定约，定约方无局，宕5墩，加倍）	
无局	宕1墩100分，宕2墩300分，宕3墩500分，其后每多宕1墩加300分
宕墩	宕5墩
最终罚分	500+2×300=1100

例如，下面为定约打宕且有加倍的情况，东西方为定约方，庄家为西家，牌局定约为6阶无将定约，庄家定约打宕，宕5墩。当局况为东西有局时，庄家的最终罚分如下。

定约打宕罚分计算
（6阶无将定约，定约方有局，宕5墩，加倍）

有局	宕1墩200分，其后每多宕1墩加300分
宕墩	宕5墩
最终罚分	$200+4×300=1400$

例如，下面为定约打宕且再加倍的情况，东西方为定约方，庄家为东家，牌局定约为3阶高花有将定约，庄家定约打宕，宕2墩。当局况为南北有局（即东西无局）时，庄家的最终罚分如下。

定约打宕罚分计算
（3阶高花有将定约，定约方无局，宕2墩，再加倍）

无局	加倍情况下，无局方宕2墩的罚分数 ×2
宕墩	宕2墩
最终罚分	$300×2=600$

例如，下面为定约打宕且再加倍的情况，东西方为定约方，庄家为东家，牌局定约为3阶高花有将定约，庄家定约打宕，宕2墩。当局况为东西有局时，庄家的最终罚分如下。

定约打宕罚分计算
（3阶高花有将定约，定约方有局，宕2墩，再加倍）

有局	加倍情况下，有局方宕2墩的罚分数 ×2
宕墩	宕2墩
最终罚分	$500×2=1000$

第三章

桥牌叫牌详解

　　一局牌确定最终定约的叫牌过程，是桥牌游戏的重要内容，叫牌过程中需要考虑的相关内容也较多。

　　本章将从叫牌方法、叫牌进程以及影响叫牌的因素等方面入手，来为桥牌初学者详细介绍叫牌。

3.1 叫牌方法

桥牌玩家在游戏玩法中加入叫牌过程，主要目的是让同伴之间可以更清楚直接地沟通与了解各自所持手牌的情况。

因此，为了达到这一目的，桥牌玩家在不违反游戏规则的情况下，发明了各种各样的叫牌方法。目前，桥牌常用的叫牌方法有精确叫牌法和自然叫牌法，这两种叫牌方法属于不同的叫牌体系。

精确叫牌法的内容十分细致，容易把牌情描述清楚，已经精确到每个叫品对应的手牌牌点是多少，玩家只需根据自己的手牌牌型去选择叫哪一个品。相比之下，自然叫牌法的内容相对比较笼统，但能迅速获得较理想的定约，使对手没有足够的信息来进行首攻和防守。

精确叫牌法的内容过于复杂，涉及的内容也多，比较难上手，有时还会把玩家搅乱。自然叫牌法则容易学，上手也快，初学者也能尽快进入桥牌游戏中去。

建议大家先从自然叫牌法上手，等熟悉了自然叫牌法，再去了解精确叫牌法。本书主要采用自然叫牌法，以此叫牌法为基础，对如何叫牌展开详解。

3.1.1 自然叫牌法

自然叫牌法是各种叫牌体系中普遍的、合乎逻辑的叫牌方法，也是大多数桥牌玩家能尽快上手的一种叫牌法则。

对桥牌初学者来说，自然叫牌法是比较友好的。自然叫牌法，以大牌和长套花色自然表达的叫品为基础，其优势是容易学懂，但缺少限制且含义比较模糊。

3.1.2 自然叫牌法的基本规则

自然叫牌法中，通常情况下只有玩家所持手牌带有的大牌牌点在13点或以上时，才有叫牌的基本牌力。

如果玩家手牌具有叫牌的基本牌力，接下来就需考虑牌型，然后确定叫哪种类型的阶品。

桥牌有无将定约和有将定约两种打法，因此手牌的开叫也就被分为了两种，即开叫无将的叫品、开叫带有扑克牌花色的有将叫品。下面展示一些开叫条件，供桥牌初学者参考。

◎ **无将的开叫**

如果玩家想开叫无将的叫品，那么所持手牌的牌型通常是平均牌型，这样在打无将定约时打成定约的概率比较高。假如玩家拿到的是非平均牌型的手牌，就会优先考虑开叫有将定约。下面是开叫无将叫品需要满足的牌型和大牌牌点要求。

叫品类别	手牌牌型	大牌牌点总数
1 阶无将	平均牌型	16 ～ 21 点
2 阶无将	平均牌型	22 ～ 24 点
3 阶无将	平均牌型	25 ～ 27 点

◎ **有将的开叫**

对有将定约的开叫，要比无将开叫考虑的因素多，需要看手牌的赢张数、手牌的牌型以及玩家对这局牌的打法。

1. 开叫 1 阶花色的叫品，手牌需要有 13 ～ 21 点的大牌。

2. 开叫 2 阶和 3 阶的有将叫品，主要考虑手牌里的赢张数。

3. 开叫 4 阶及以上的有将叫品，需要考虑手牌里的赢张数以及玩家对这局牌的打法。

◎ 其他开叫规则

还有一些其他开叫规则，可以让玩家确定开叫的最低限度值以及拥有怎样的手牌需要放弃叫牌。

1. 假如持有的手牌牌点在 14 点及以上，可以开叫。

2. 假如持有的手牌牌点在 12 点或 13 点，只有当玩家至少有两个赢张以及一个可再叫花色时，才可以开叫。

3. 假如持有的手牌牌点在 10 点或 11 点，如果有两张能够拿到下一轮出牌权的大牌，有可再叫花色，而且还有好的高级花色长套，也可以选择开叫。

4. 假如在有两位玩家选择不叫之后，这时该己方叫牌，即使己方持有的手牌牌点在 10 点或 11 点，甚至连基本应有的两个赢张和高级花色长套都没有，但只要能为同伴做出好的首攻，也可以考虑开叫。

5. 假如持有的手牌不能满足上述开叫要求，就表明手牌很差，那么就要放弃叫牌。

3.2 叫牌进程

叫牌需要叫出具体的内容，这个"内容"称为叫品。桥牌里，有专供玩家叫牌使用的叫品集合。根据不同叫品的特性，叫品也有各自的类型属性。

3.2.1 叫品集合

一个叫品，由一个数字加一种扑克牌花色［或扑克牌花色的英文首字母，即黑桃（S）、红桃（H）、方片（D）、梅花（C）］组合而成，或者由一个数字加"无将"的英文缩写（NT）组合而成。

例如 1C、1S、2D、3H、4NT、加倍、再加倍等叫品，这些叫品有阶数高低和等级高低的差异。

◎ 叫品阶数高低

叫品阶数共 7 阶，1 阶最小，7 阶最大，即 7 阶＞6 阶＞5 阶＞4 阶＞3 阶＞2 阶＞1 阶。

◎ 叫品等级高低

扑克牌花色有黑桃＞红桃＞方片＞梅花的等级高低之分，故以其组成的叫品等级之间也有高低区别。此外，NT（无将）的等级高于扑克牌所有花色，详情见下方。

叫品等级 – 从低到高 →

叫品阶数 – 从低到高 ↓

1♣	1♦	1♥	1♠	1NT
2♣	2♦	2♥	2♠	2NT
3♣	3♦	3♥	3♠	3NT
4♣	4♦	4♥	4♠	4NT
5♣	5♦	5♥	5♠	5NT
6♣	6♦	6♥	6♠	6NT
7♣	7♦	7♥	7♠	7NT

过	加倍	再加倍

桥牌叫牌的叫品集合

由上述内容可知，桥牌一个阶数里包含 5 个叫品（4 个带花色的有将叫品 +1 个无将叫品），桥牌阶数有 7 阶，共 35 个实质性叫品，再加上过、加倍、再加倍 3 个非实质性叫品，因此桥牌的叫品总共有 38 个。

◎ 叫品大小对比

桥牌的叫品，有从高到低的阶数变化和花色牌的等级高低变化，叫品之间也有大小区别。

对比叫品大小，首先比较叫品的阶数，阶数越高则叫品越大。如果阶数相同，就比较组成叫品的花色，花色越高，则叫品越大。注意，NT 大于黑桃、红桃、方片、梅花等所有花色。

◆ 例 1

玩家分别叫出 1 阶♣与 1 阶♥，那么这两个叫品之间，哪个叫品更大？叫品大小对比如下。

叫品大小对比			
叫品类别	阶数高低	花色等级高低	对比结果
1 阶♣	相同	低花：梅花	1 阶♥＞1 阶♣
1 阶♥		高花：红桃	

◆ 例 2

玩家分别叫出 1 阶♠与 1 阶♥，那么这两个叫品之间，哪个叫品更大？叫品大小对比如下。

叫品大小对比			
叫品类别	阶数高低	花色等级高低	对比结果
1 阶♠	相同	黑桃和红桃同为高花，但在高花里，黑桃的花色等级要高于红桃花色	1 阶♠＞1 阶♥
1 阶♥			

◆ **例 3**

玩家分别叫出 1 阶♠与 1 阶 NT，那么这两个叫品之间，哪个叫品更大？叫品大小对比如下。

叫品大小对比			
叫品类别	阶数高低	花色等级高低	对比结果
1 阶♠	相同	在花色等级上，NT 高于任何花色	1 阶♠＜ 1 阶 NT
1 阶 NT			

通过上面展示的几组叫品对比可知，1 阶 NT 大于所有的 1 阶叫品，即 1 阶 NT ＞ 1 阶♠＞ 1 阶♥＞ 1 阶♦＞ 1 阶♣。

◆ **例 4**

玩家分别叫出 1 阶♦与 2 阶♥，那么这两个叫品之间，哪个叫品更大？叫品大小对比如下。

叫品大小对比			
叫品类别	阶数高低	花色等级高低	对比结果
1 阶♦	低	方片——低花：等级低	2 阶♥＞ 1 阶♦
2 阶♥	高	红桃——高花：等级高	

综上可知，1 阶 NT 大于所有的 1 阶叫品，2 阶叫品大于 1 阶叫品。同理可推：在所有叫品中，阶数越高，叫品等级越高；相同阶数下，花色等级越高，叫品等级就越高。因此，7 阶 NT 是所有叫品中等级最高的叫品。

3.2.2 叫牌选择

叫牌可分为实质性叫牌和非实质性叫牌。实质性叫牌，要求叫出具体的某种花色或无将，比如 1D、2C、2NT……。非实质性叫牌则是指过、加倍、再加倍，见下方。

1♣	1♦	1♥	1♠	1NT
2♣	2♦	2♥	2♠	2NT
3♣	3♦	3♥	3♠	3NT
4♣	4♦	4♥	4♠	4NT
5♣	5♦	5♥	5♠	5NT
6♣	6♦	6♥	6♠	6NT
7♣	7♦	7♥	7♠	7NT

→ 实质性叫品（实质性叫牌对应的叫品）

过	加倍	再加倍

→ 非实质性叫品（非实质性叫牌对应的叫品）

叫牌选择－桥牌叫品

3.2.3 叫牌过程

桥牌的叫牌过程类似拍卖，玩家的叫品必须越来越大。

叫品大于前一玩家的方式有两种：一是在叫品的阶数上高于前一玩家，二是阶数相同但花色级别高于前一玩家。

根据同一阵营玩家的座位，桥牌玩家设置了不同的叫牌形式，即开叫、争叫、应叫、再叫等，把这些叫牌形式都演示一遍，就构成了一个叫牌过程。

◎ 开叫

发牌完成后发牌人开始叫牌，可选择实质性叫牌，也可以选择不叫牌，直接叫过。

◎ 争叫

争叫是发牌人阵营的对手方，与发牌人竞争叫牌。竞叫玩家必须叫出大于开叫的实质性叫品，或者加倍、再加倍，也可以选择叫过，表示暂时不参与竞叫。

◎ 应叫

应叫是响应已经开叫同伴的叫牌，应叫玩家确定叫牌，叫出的品同样要大于前一玩家的叫品。

◎ 再叫

应叫结束后如果还未定下本局牌的最终定约，就由开叫的那位玩家再次叫牌，任何一位玩家进行第二次叫牌，都被称为再叫。

需注意，开始叫牌后如果玩家们全都选择不叫牌，则本局定约为失败，本局牌作废，重新开始下一局牌，并由本局发牌人的下家作为新一局牌的发牌人。

此外，在叫牌进程中玩家进行实质性叫牌，如果另外三位连续叫过，此时叫牌结束，初始玩家的叫品就为本局牌的最终定约。如果玩家在一轮叫牌中选择叫过，在下一轮叫牌中仍然可以再叫。

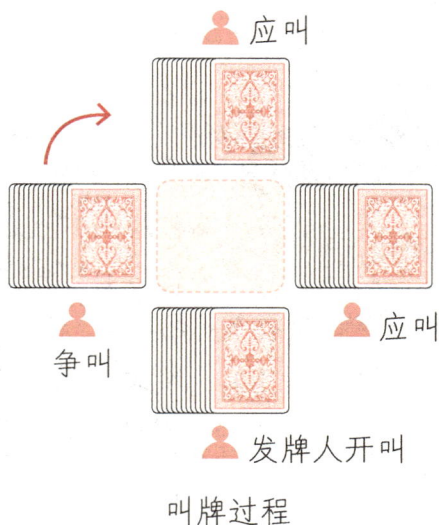

应叫

争叫

应叫

发牌人开叫

叫牌过程

3.3 影响叫牌的因素

发牌结束后，玩家们拿到的手牌牌型和手牌牌力，对他们在该牌局中做出的实际叫牌选择有一定影响，同时也影响着该牌局的最终打法。

3.3.1 牌型

牌型指四种花色牌在 13 张手牌中的分布情况。牌型可以引导玩家是选择叫无将定约还是叫有将定约，同时牌型也可以用于计算牌型点，评估玩家手牌的牌力。

按牌型情况，玩家可以选择是打无将定约，还是打有将定约。结合四种花色牌的具体分布情况，可把手牌的牌型概括为以下三种类型。

◎ 平均型

平均型，即手牌中四种花色牌的数量分布得比较均匀，比如4-3-3-3、5-3-3-2、4-4-2-3 等牌型，此类牌型适合打无将定约。手牌各花色数量分布形式，见下图。

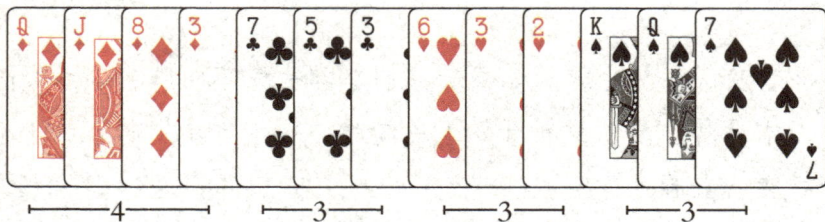

平均型－牌型展示图（1）

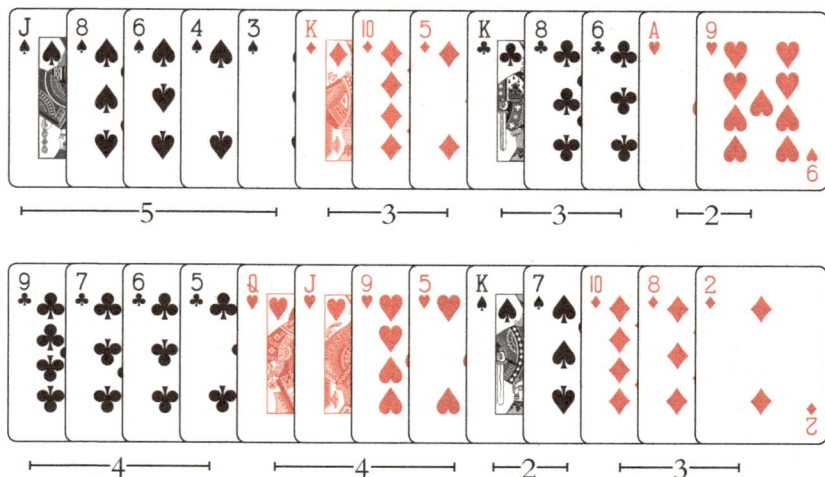

平均型－牌型展示图（2）

◎ 非平均型

非平均型，即手牌中四种花色牌的数量分布得不均匀，甚至有单张、缺门或 6 张及以上的长套，比如 5-4-2-2、3-5-4-1、5-5-2-1、5-4-4-0、6-3-2-2、6-6-1-0 等牌型，此类牌型适合打有将定约。手牌各花色数量分布形式，见下图。

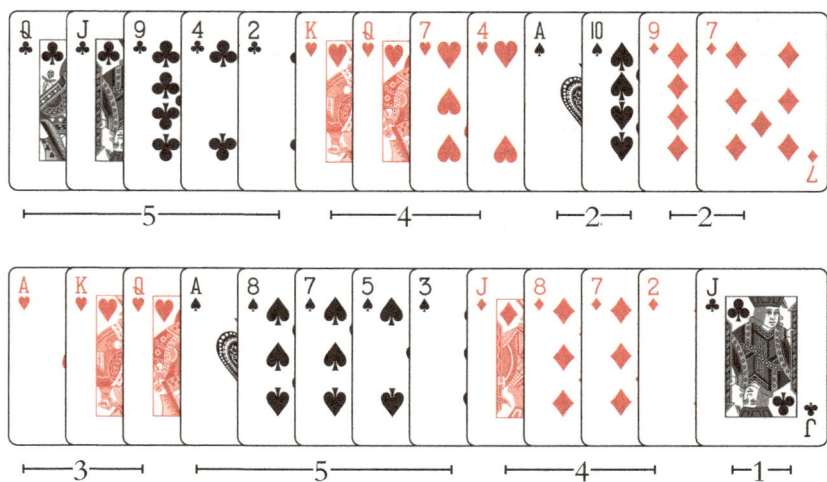

非平均型－牌型展示图（1）

| A♦ | K♦ | 10♦ | 7♦ | 3♦ | A♣ | 9♣ | 6♣ | 5♣ | 3♣ | 10♥ | 6♥ | 2♠ |

├─────── 5 ───────┤ ├─────── 5 ───────┤ ├── 2 ──┤ ├ 1 ┤

| Q♠ | 8♠ | 3♠ | 2♠ | 9♥ | 8♥ | 5♥ | 4♥ | K♣ | Q♣ | 10♣ | 8♣ | 2♣ |

├──── 4 ────┤ ├──── 4 ────┤ ├─────── 5 ───────┤

| A♥ | Q♥ | K♣ | 5♣ | 2♣ | 10♦ | 7♦ | A♠ | J♠ | 9♠ | 8♠ | 7♠ | 6♠ |

├ 2 ┤ ├── 3 ──┤ ├ 2 ┤ ├──────── 6 ────────┤

| K♦ | 7♦ | 6♦ | 5♦ | 4♦ | 2♦ | A♠ | Q♠ | 9♠ | 6♠ | 5♠ | 4♠ | 6♥ |

├──────── 6 ────────┤ ├──────── 6 ────────┤ ├ 1 ┤

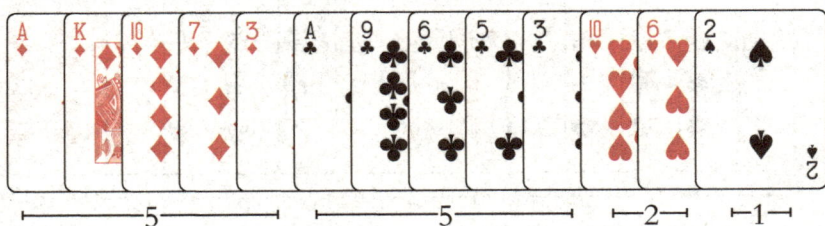

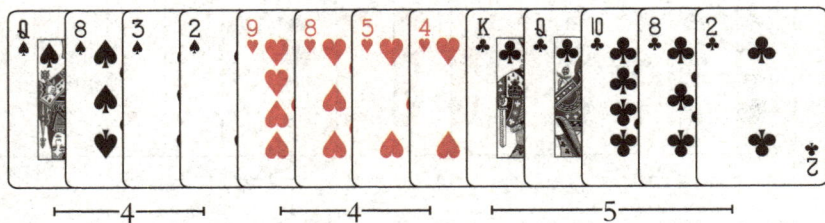

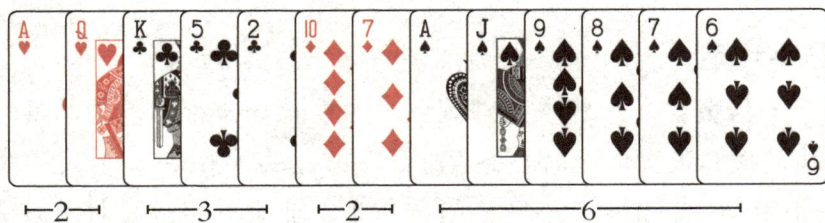

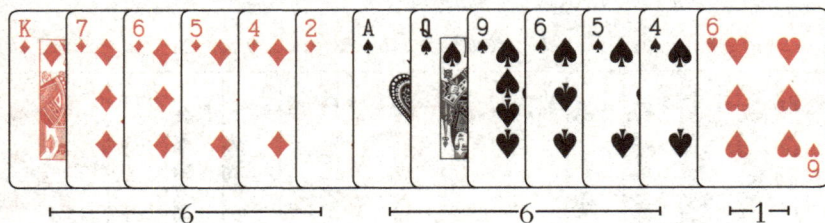

非平均型－牌型展示图（2）

◎ **奇型牌型**

　　奇型牌型，即手牌中四种花色牌的数量分布没有规律，较为奇特，比如其中有两个单张或缺门，或者有7张、8张甚至8张以上的长套，比如7-5-1-0、8-3-2-0等牌型，这类牌型也非常适合打有将定约。手牌各花色数量分布形式，见下图。

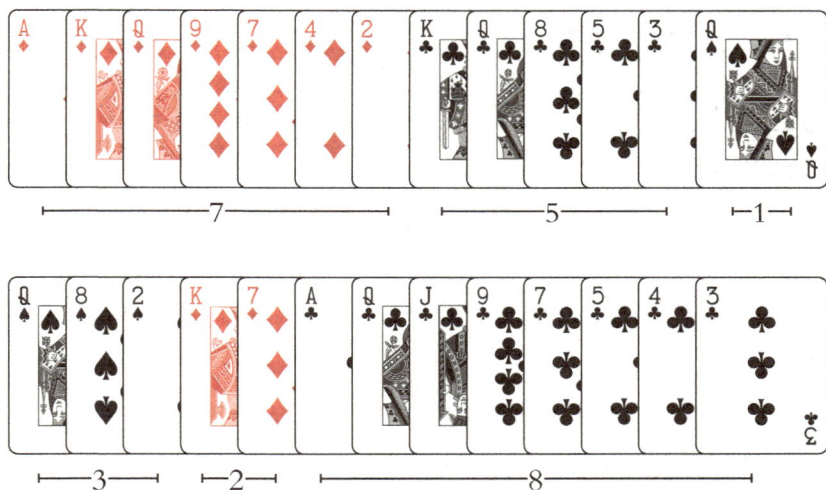

奇型牌型－牌型展示图

3.3.2 牌力

　　手牌牌力的强与弱，是玩家叫牌的重要考虑依据。玩家可结合自己的手牌牌力去选择叫品。判断手牌的牌力，主要看手牌里的大牌牌点和牌型点。

◎ **大牌牌点**

　　玩家牌力的强弱，与玩家手牌中的大牌牌点数总和有关。桥牌爱好者高伦提出的大牌牌点计算方法，备受大家认同，常用来确定玩家的手牌牌力。该计算方法是，分别给大牌设置对应的分值，即 A 为 4

点、K 为 3 点、Q 为 2 点、 J 为 1 点。

扑克牌有四种花色，每种花色的大牌牌点总分值为 10 点，一副牌共 40 点。下面以梅花花色为例，介绍大牌牌点分值的计算方法，见下图。

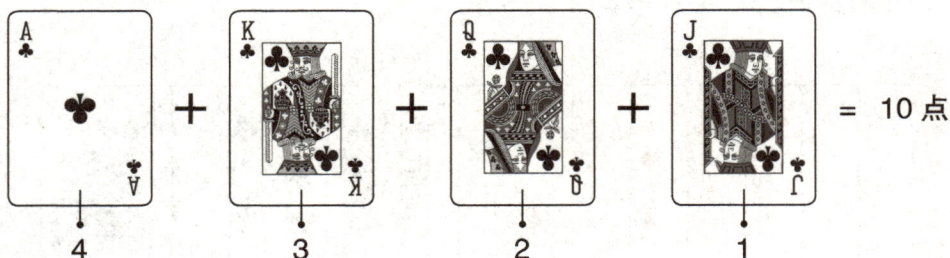

玩家拿到一手牌后，只需把所有 A、K、Q、J 等牌按 4、3、2、1 的点值加起来，就能计算出自己手牌的总点值。

◆ 例 1

玩家所持手牌如下所示，其中有♥ A、J，♣ K、Q，◆ Q，♠ A、K 等大牌，根据对大牌牌点的分值设定，玩家这副手牌的大牌牌点总分值为 4+1+3+2+2+4+3=19 点。

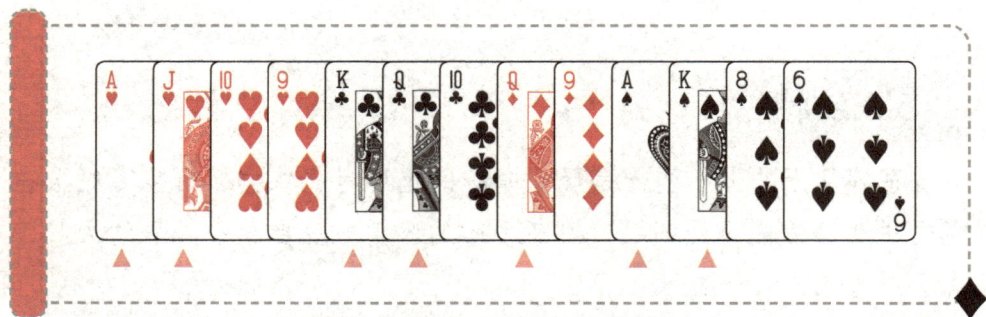

玩家所持手牌－大牌牌点计算（1）

◆ 例 2

玩家所持手牌如下所示，其中有♥ Q、♣ A、◆ K 等大牌，根据对大牌牌点的分值设定，这副手牌的大牌牌点总分值为 2+4+3=9 点。

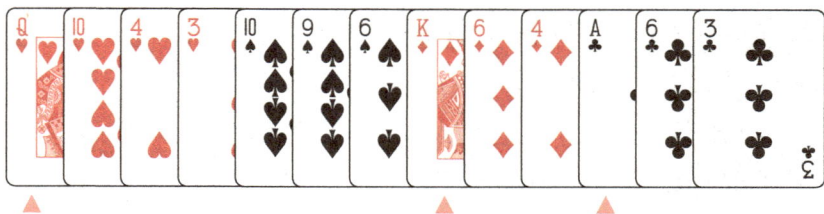

玩家所持手牌－大牌牌点计算（2）

◎ 牌型点

会计算手牌的大牌牌点分值，是对桥牌初学者的基本要求。桥牌初学者还需要计算手牌的牌型点，来看手牌的整体牌力。下面，结合无将定约和有将定约的打法特点，分别计算玩家手牌的牌型点。

打无将定约时，计算牌型点实际上就是计算玩家手牌里的长套点。长套点的计算方法为，以一种扑克牌花色有 4 张牌为计算基数，该花色中每增加 1 张牌，就加 1 个长套点。比如同一花色有 5 张，就加 1 点，同一花色有 6 张，就加 2 点，以此类推。

◆ 例 1

假设本牌局打无将定约，玩家所持手牌如下所示。

其中只有方片有 5（4+1）张，属于长套花色，故玩家所持的这副手牌可以加上 1 个牌型点。

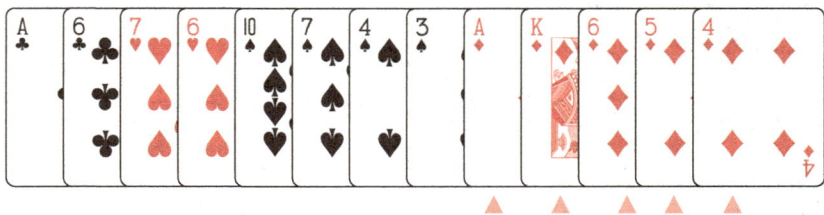

无将定约中玩家所持手牌－牌型点计算（1）

◆ **例2**

假设本牌局打无将定约，玩家所持手牌如下所示。

其中黑桃属于长套花色，共有6（4+2）张，可加2个牌型点；梅花有5（4+1）张，也属于长套花色，可加1个牌型点。故而，玩家这副手牌可以加上3个牌型点。

无将定约中玩家所持手牌－牌型点计算（2）

打有将定约时，计算牌型点主要是计算玩家手牌里的短套点。通常来说，玩家只有在与同伴有将牌配合的情况下才能计算短套点。

常用的牌型点计算方法如下。

拥有短将牌的一方，除去将牌，如果手牌里缺少某花色，就算5个牌型点；如果手牌里的某种花色牌只有1张，就算3个牌型点；如果手牌里的某种花色牌有2张，就算1个牌型点。

而拥有长将牌的一方，除去将牌，如果手牌里缺少某花色，就算3个牌型点；如果手牌里的某种花色牌只有1张，就算2个牌型点；如果手牌里的某种花色牌有2张，就算1个牌型点。具体如下。

打有将定约牌型点计算（同一阵营的双方）	
短将牌的一方	
缺少某花色	加5点
某花色牌只有1张	加3点
某花色牌有2张	加1点

（续表）

长将牌的一方	
缺少某花色	加 3 点
某花色牌只有 1 张	加 2 点
某花色牌有 2 张	加 1 点

◆ **例 3**

　　假设牌局打有将定约，将牌为♣。同一阵营的玩家所持手牌分别如下所示，两位玩家分别有 3 张将牌和 5 张将牌。

　　拥有短将牌的一方玩家手牌中，缺少方片花色，可以加 5 个牌型点；而拥有长将牌的一方玩家手牌中，花色牌没有缺少，但红桃花色只有 1 张牌，因此可加 2 个牌型点。

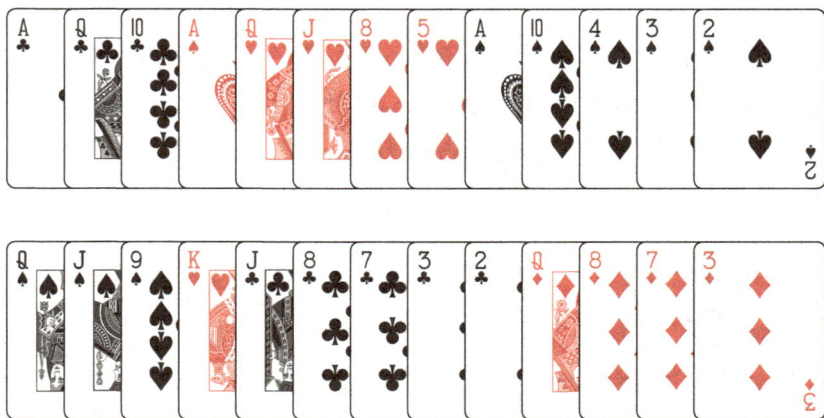

有将定约中同一阵营的玩家所持手牌－牌型点计算

◆ **例 4**

　　假设牌局打有将定约，将牌为♦。同一阵营的玩家所持手牌如下所示，两位玩家分别有 2 张将牌和 6 张将牌。

拥有短将牌的一方玩家手牌中，没有缺少花色牌，除去将牌，也没有某花色牌中只有1张或2张牌，因此不能增加牌型点；而拥有长将牌的一方玩家手牌中，同样没有缺少花色牌，但梅花和黑桃两种花色中，各有2张牌，可分别加上1个牌型点，共加2个牌型点。

有将定约－同一阵营的玩家所持手牌

在桥牌的叫牌和打牌里，玩家计算手牌的长套点和短套点非常有用，只有依靠自己手中的长套点和短套点，才能找到合理的定约，同时在打牌过程中去计算手牌里的赢墩数和输墩数。

3.3.3 牌力与定约

确定手牌的牌力强弱，特别是计算大牌牌点，可以衡量做多高的定约，这是大牌牌点的一个很重要的用途。

据桥牌玩家们在实战中的统计，当玩家手牌的牌点达到26点时，可打成4阶高花的成局定约（比如4♥或4♠），或者3阶无将的成局定约（3NT）。当手牌牌点达到29点，就可打成5阶低花的成局定约（比如5♣或5◆）。当手牌牌点达到33点，可打成6阶小满贯定约。而当手牌牌点达到37点，就可以打成7阶大满贯定约。

如果玩家手牌的牌点在 26 点以下，那么应该选择叫哪些定约呢？下面给出了一些牌点区间所对应可叫的定约，以供大家参考。

玩家所持手牌的牌点	对应可叫的定约
13 ~ 18 点	1C、1D、1H、1S
16 ~ 21 点	1NT
22 ~ 24 点	2C、2NT
24 ~ 25 点	3C、3NT
26 点及以上	3NT、4H、4S
29 点及以上	5C、5D
33 点及以上	6C、6D、6H、6S、6NT
37 点及以上	7C、7D、7H、7S、7NT

桥牌初学者需要着重记住 26 这个数字，一旦牌点达到了 26 点，就一定要坚持叫牌。虽然牌点达到 26 点不一定能叫到定约，但总要去努力叫牌；如果不叫牌会觉得有点可惜，错失叫成定约的机会，也就错失了坐庄机会。

3.4 开叫练习

前面几节介绍了桥牌叫牌的基本内容，下面以玩家拿到的手牌为例，来练习开叫。

开叫是叫牌的基础，只有开叫了，其他玩家才能跟着叫牌，从而定下牌局定约。

◆ 例1

玩家持有手牌情况如下，分别有♠J、8、5，♥Q、7，♣A、8、3，♦A、K、10、6、4等牌，玩家该如何开叫？

玩家手牌情况（1）

玩家开叫1♦。

开叫分析：玩家手牌中的大牌牌点有14点，牌型为5-3-3-2平均牌型，按规则适合打无将定约，但我们也可以结合手牌整体情况，来打有将定约，并且方片是带有连张大牌A、K的长套，无论是钓将还是将吃，玩家都有牌可以上手。

◆ 例2

玩家持有手牌情况如下，分别有♠A、K、Q，♥A、J、5，♣K、Q、10、8，♦9、7、5等牌，玩家该如何开叫？

玩家手牌情况（2）

玩家开叫1NT。

开叫分析：玩家手牌中的大牌牌点有19点，牌型是4-3-3-3平均型，同时在黑桃、红桃、梅花等花色里有进手张，玩家有控牌能力，综合考虑之后，玩家开叫1阶无将定约是合适的。

◆ 例 3

玩家持有手牌情况如下，分别有♠K、J、10、6，♥Q、9，♣A、8、4、2，♦J、7、4等牌，玩家该如何开叫？

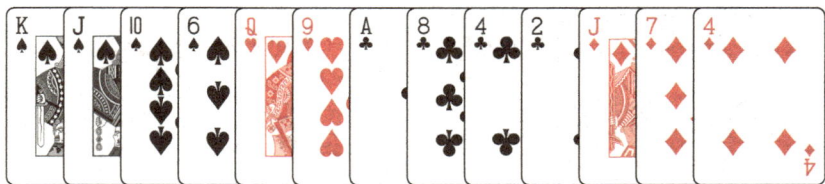

玩家手牌情况（3）

玩家开叫"过"。

开叫分析：玩家手牌中的大牌牌点只有11点，同时牌型为4-4-3-2平均型，只有一个进手张，手牌整体牌力较弱，可考虑不开叫，给同伴发出"手牌牌力偏弱"的信号，先看对手玩家和同伴的开叫情况，然后再考虑如何叫牌。

◆ 例 4

玩家持有手牌情况如下，分别有♥A、K、J、7、6、5、3，♣K、J、2，♦A、K、9等牌，玩家该如何开叫？

玩家手牌情况（4）

玩家开叫1♥。

开叫分析：玩家手牌中的大牌牌点有19点，牌型为7-3-3-0的奇型牌型，手牌花色有缺门，且红桃长套花色有连张大牌A、K，玩家这副手牌在牌局中有一定的赢牌优势，因此选择开叫1阶红桃是较为稳妥的。

◆ **例5**

玩家持有手牌情况如下，分别有♠J、6，♥K、10、9、3，♣A、K、Q、6、3，♦K、7等牌，玩家该如何开叫？

玩家手牌情况（5）

玩家开叫 1 ♣。

开叫分析：玩家手牌中的大牌牌点有 16 点，满足开叫条件，同时牌型是 5-4-2-2 非平均型，适合打有将定约，综合手牌情况，梅花是玩家手牌里的长套，故选择开叫 1 阶梅花。

◆ **例6**

玩家持有手牌情况如下，分别有♠K、9、6、4、3、2，♥A、J，♣K，♦A、10、8、4等牌，玩家该如何开叫？

玩家手牌情况（6）

玩家开叫 1 ♠。

开叫分析：玩家手牌中的大牌牌点有 15 点，牌型是 6-4-2-1 非平均型，符合开叫有将定约的条件。如果玩家叫到黑桃定约，即使将牌黑桃的牌张点数偏小，玩家同样可以用将吃去取得赢墩。玩家考虑到手牌中的大牌张不多，故选择开叫 1 阶黑桃。

第四章

桥牌玩法详解

　　桥牌游戏需要四人两两结队，形成进攻与防守的对战双方，即定约方和防守方。双方为了完成各自在牌局中的游戏目标，需采取不同的打法。

　　本章将从双方玩家的角色出发，讲解当桥牌初学者作为庄家，以及作为防守方玩家时，应该采取的打法。

4.1 坐庄打法

由于明手的出牌由庄家指定，因此明手无法给出关于本轮牌局打法的建议，只能由庄家根据己方手牌情况来决定采取何种打法去完成定约。

4.1.1 坐庄打法原则

庄家一人以完成牌局定约为目标，按自己的打牌思路独自控制己方两手牌的出牌，与防守方形成一对二的对战局面。

作为庄家，对即将开始的牌局需要进行相应的思考，比如拿到手牌后作为定约方需要做哪些准备工作、想要打成定约有哪些打法可以使用等。

◎ **明确坐庄目标**

定约方的最终目标是完成定约，无论是打有将定约还是打无将定约，庄家首先要知道在局牌中至少要取得的赢墩数量。定约方完成定约的计算方法是固定底数 + 最终定约阶数，即 $6+X$，X 为定约阶数。

比如，假设牌局打 3 阶无将定约，庄家就需要在牌局中最少拿到 9 个赢墩才能打成定约；假设牌局打 4 阶定约，那么庄家至少要拿到 10 个赢墩。

◎ **整合手牌信息**

明确自己在牌局中的坐庄目标后，在首攻人出牌前，庄家的首要任务是整合己方的两副手牌，明确以下信息。

首先，计算在牌局中确定能拿到的赢墩数，同时要知道哪些赢张是进手张，以便为后续制定打法提供依据。

其次，看己方手牌里哪些花色是长套，哪些是短套，考虑是否可以建立长套赢墩。

◎ 制定打法

庄家在初步明确己方手牌情况之后，接下来就是以完成定约为终极目标，制定相应的坐庄打法。

庄家除了采用基本的大牌赢墩方式，还可以使用飞牌、建立长套赢墩、将吃等多种打法。

关于各种打法的详细内容，将在接下来的有将定约和无将定约的打法中，进行介绍。

4.1.2 有将定约的坐庄打法

打有将定约时，由于手牌里有一种花色被用作将牌，其牌力强于另外三种花色，所以庄家需要着重考虑将牌因素，去制定牌局打法。

◎ 获取己方手牌信息

打有将定约时，首先，庄家要明确己方手牌中可以拿到的赢墩数，看己方拿到的将牌数以及计算防守方拿到的将牌数量（包括将牌中的大牌张），预判打成定约的概率。

◆ 例 1

假设牌局最终定约为 2♥，红桃花色为将牌，完成定约需要的目标墩数是 8（6+2）墩，首攻♦A，庄家和明手所持手牌如下所示，定约方共有 9 张将牌。

观察手牌可知，定约方手牌里有♠A、K，♣A、K 和将牌♥A、K、Q、

J这8张大牌。在此牌型下，庄家很容易打成定约，只要防守方的手牌不是极端的特殊牌型，庄家至少能拿到8个赢墩，达到定约完成所需要的赢墩数量。

牌局定约：2♥	
庄家所持手牌：	**明手所持手牌：**
♠ A、9、5	♠ K、6、4
♥ A、K、Q、8、6、2	♥ J、5、4
♦ 4、3	♦ J、2
♣ K、7	♣ A、9、5、3、2

有将定约－定约方所持手牌情况（3）

　　其次，庄家要明确己方手牌中的哪些牌张，是可以通过出牌技巧能拿到的潜在赢墩。并不是每一局手牌都能拿到足够数量的赢墩，庄家往往需要把关注点落在手牌中的潜在赢墩上，争取拿到更多的赢墩，以完成定约。

◆ 例2

　　假设牌局最终定约为4♥，红桃花色为将牌，完成定约需要的目标墩数是10（6+4）墩，首攻◆A，庄家和明手所持手牌如下所示，定约方有10张将牌。

　　观察手牌可知，庄家初步已有5个赢墩，即♠A、K、♣A和将牌♥A、K等牌，如果庄家想要完成定约，至少还需要再拿到5个赢墩。由于方片花色牌里有大牌K，加上定约方拿到了足够多的将牌，故庄家再拿5个赢墩的机会非常大，完成定约的机会也很大。

牌局定约：4 ♥

庄家所持手牌：	
♠	7
♥	A、J、9、6、3、2
♦	K、7、3
♣	A、Q、6

明手所持手牌：	
♠	A、K、J、10、2
♥	K、10、8、4
♦	9
♣	8、4、3

有将定约－定约方所持手牌情况（4）

◆ 例3

假设牌局最终定约为2♦，方片花色为将牌，完成定约需要的目标墩数是8（6+2）墩，首攻♠A，庄家和明手所持手牌如下所示，定约方共有8张将牌。

观察手牌可知，已有2墩确切赢墩，即♥A和将牌♦A，不足以达到定约完成的目标墩数。但手牌中的♠K、Q，♥Q，♣K、Q等大牌是在出牌中有机会赢牌的潜在赢墩，可以利用相关出牌技巧，争取把这些潜在赢墩变成赢墩。除此之外，手牌中的将牌也有机会变成赢墩。

牌局定约：2 ♦

庄家所持手牌：	
♠	K、5
♥	Q、9、2
♦	A、10、9、5、4
♣	K、4、3

明手所持手牌：	
♠	Q、9、4、3
♥	A、8、5、4
♦	Q、7、6
♣	Q、9

有将定约－定约方所持手牌情况（5）

再次，庄家要做好潜在赢墩变输墩的心理准备。

一般来说，手牌里的赢张除了大牌 A，其他赢张不一定都能成为赢墩，这些牌张在牌局对战过程中有很大的不确定性，故而庄家要做好潜在赢墩变输墩的心理准备。

◆ 例 4

假设牌局最终定约为 1♣，梅花花色为将牌，完成定约需要的目标墩数是 7（6+1）墩，首攻♠A，庄家和明手所持手牌如下所示，定约方共有 9 张将牌。

观察定约方的手牌，♠K、J，♥A、J，♦A、Q 以及将牌♣A、K、Q、J、10、9、8 等牌张都属于赢墩范畴。如果防守方的手牌情况较好，而且防守方很好地配合，那么像♠K、J，♥J 等潜在赢墩，就有可能无法兑现成赢墩。

牌局定约：1♣	
庄家所持手牌：	**明手所持手牌：**
♠ K、7、6	♠ J、4、3、2
♥ A、3	♥ J、4、2
♦ A、Q、2	♦ 8、7
♣ A、Q、10、9、5	♣ K、J、8、6

有将定约－定约方所持手牌情况（6）

小编说

在打有将定约的时候，基于将牌的特殊性，庄家计算己方持有的赢墩数时，要把将牌分情况去考虑。

如果用将牌去"将吃"，就直接能拿到赢墩，即使点数最小的将牌也会成为赢墩；如果用将牌去"钓将"，那么就需要比对将牌的点数大小，点数大的为赢墩。

最后，庄家要对防守方的手牌情况进行大致分析，计算他们手牌中的大牌牌点以及整体牌力，考虑是否会影响自己完成定约。

判断防守方的手牌情况，需要运用一定的记牌与算牌能力。庄家以己方手牌的牌点及牌张为基础，再结合前面介绍的相关内容，就能基本了解防守方的手牌情况。而对于防守方的手牌牌点以及牌张花色分布等情况，庄家可以在出牌过程中再判断。

◆ 例5

假设牌局最终定约为2♠，黑桃花色为将牌，完成定约需要的目标墩数是8（6+2）墩，首攻♣A，庄家和明手所持手牌如下所示，定约方共有9张将牌。

观察定约方的两副手牌可知，拥有的将牌数量不算多，同时防守方手牌中有♥K、J，♦A、Q，♣A、Q、J等多张大牌，会给定约方完成定约带来一些阻碍。

牌局定约：2♠

庄家所持手牌：		明手所持手牌：	
♠	A、9、8、4、2	♠	K、6、5、3
♥	10、5	♥	A、Q、3
♦	K、8、5、2	♦	J、10、9、4
♣	8、5	♣	K、7

有将定约－定约方所持手牌情况（7）

从上述内容可知，当庄家在看到同伴的手牌后，对整体牌局进行分析，是很有必要的。

在分析牌局的过程中，庄家不仅可以计算己方能确切拿到的赢墩数、通过打牌技巧能拿到的一些赢墩以及输墩等情况，还可以利用己方手牌去判断防守方手牌的好坏情况，再根据得到的相关信息，以完成定约为目的去制定坐庄打法。

◎ 巧用将牌

打有将定约时，利用将牌是庄家在牌局中争取赢墩的一种有效手段。将牌有多种用法，既可以主动出击以钓将方式获得赢墩，也可以通过防守以将吃方式拿到赢墩。

如果庄家可以拿到足够的赢墩去完成定约，那么可以考虑先钓将。

庄家通过连续钓将，能把防守方手里为数不多的将牌全部引出来，连续钓将之后，多数情况下就只有庄家的手牌里还留有将牌，随后再慢慢兑现其他花色里的赢墩。

◆ 例 1

假设牌局最终定约为 3♣，梅花花色为将牌，完成定约需要的目标墩数是 9（6+3）墩，首攻♥A，庄家和明手所持手牌如下所示，定约方共有 10 张将牌。

观察手牌可知，加上将牌，定约方至少能拿到 9 个赢墩，即♠A、K，♦A，♣A、K、Q、J、10、9 等牌，足以完成牌局定约所需的目标墩数。在这种情况下，庄家利用出牌权，就可优先选择连续钓将，等防守方手里不再有将牌，再出其他花色的大牌，轻松拿到赢墩。

牌局定约：3♣	
庄家所持手牌：	**明手所持手牌：**
♠ A、K、4、3、2	♠ 8
♥ 5	♥ K、4、3、2
♦ 5	♦ A、J、3、2
♣ A、K、J、10、9、2	♣ Q、6、4、3

有将定约－定约方所持手牌情况（8）

◆ 例 2

假设牌局最终定约为 2◆，方片花色为将牌，完成定约需要的目标墩数是 8（6+2）墩，首攻♠A，庄家和明手所持手牌如下所示，定约方共有 8 张将牌。

观察手牌可知，先不考虑将牌，在梅花、黑桃、红桃等花色牌中，赢墩不多。在这种情况下，庄家拿到出牌权，可以优先选择钓将，试探防守方手牌里的将牌分布情况。

牌局定约：2◆

庄家所持手牌：		明手所持手牌：	
♠	Q、8	♠	K、10、6
♥	A、7、6、4	♥	K、9
◆	7、4、3、2	◆	A、J、9、6
♣	K、6、5	♣	A、Q、9、3

有将定约 - 定约方所持手牌情况（9）

小编说

庄家若想采用连续钓将的打法，前提是手中的将牌多数是点数较大的牌张。如果将牌以小牌为主，在钓将上没有赢牌优势，就不适合采用连续钓将，反而适合用来将吃。

如果庄家现有赢墩数量不足以完成定约，但有较多的将牌，那么庄家就可以在出牌过程中合理运用"将吃"来获得赢墩。

在牌局中，定约方可以采用庄家将吃、明手将吃以及交叉将吃等多种将吃方式，来取得赢墩。

由于防守方只能看到明手的手牌，对庄家的手牌情况只能依靠猜测，对于庄家手牌是否有缺门、牌张是大牌居多还是小牌居多，以及是否有长套等情况，都不清楚，因此庄家采用将吃，可出其不意地拿到赢墩。

◆ 例3

假设牌局最终定约为 1 ♥，红桃花色为将牌，完成定约需要的目标墩数是 7（6+1）墩，首攻 ♣ A，庄家和明手所持手牌如下所示，定约方共有 9 张将牌。

观察手牌可知，庄家和明手的手牌，除去将牌，另外三门花色牌的牌张，大部分是点数 10 以下的小牌，赢牌能力较弱。但是，庄家持有 ♥ A、J、9、7、6、5、4 等多张将牌，且手牌里只有 1 张方片和 2 张梅花，一旦庄家打缺这两门花色中的任意一门，在防守方打出对应花色时，庄家就可以出将牌将吃，拿到本局定约完成所需要的赢墩。

牌局定约：1 ♥	
庄家所持手牌：	**明手所持手牌：**
♠ A、6、2	♠ Q、5
♥ A、J、9、7、6、5、4	♥ K、2
♦ 3	♦ K、Q、7、6、4
♣ 5、4	♣ K、10、9、7

有将定约－定约方所持手牌情况（10）

一般情况下，明手将吃都在牌局的中后阶段。比如明手打缺某种花色，这时庄家主动或防守方被迫打出对应花色，这样就给明手提供了将吃机会。

此外，明手在牌局第一轮也有将吃机会，即明手开局就缺少某种花色牌，且首攻正好是明手缺少的花色牌，这时明手就可以选择将吃，但这种情况在牌局中出现的可能性比较小。

◆ 例 4

假设牌局最终定约为 4♠，黑桃花色为将牌，完成定约需要的目标墩数是 10（6+4）墩，首攻♦K，庄家和明手所持手牌如下所示，定约方共有 8 张将牌。

观察手牌可知，明手开局就缺少方片花色，由于防守方首攻♦K，庄家手中没有大牌♦A，故庄家示意明手打出♠2，将吃，成功拿到 1 个赢墩。

牌局定约：4♠	
庄家所持手牌：	**明手所持手牌：**
♠ K、Q、10、9、8	♠ A、J、2
♥ K、3、2	♥ A、Q、8、7、6、5、4
♦ 4、3、2	♦
♣ A、2	♣ K、Q、J

有将定约－定约方所持手牌情况（11）

庄家可以联合明手，对防守方进行交叉将吃。

◆ 例 5

假设牌局最终定约为 4♦，方片花色为将牌，完成定约需要的目标墩数是 10（6+4）墩，首攻♠A，庄家和明手所持手牌如下所示，定约方共有 9 张将牌。

首攻♠A，玩家跟牌一轮后，庄家打缺黑桃花色。如果首攻人第二轮出牌继续打出♠K，明手跟牌后同样打缺黑桃花色。

在此情形下，后续防守方再次打出黑桃花色牌后，定约方可将吃（庄家将吃可出♦5，明手将吃可出♦2）。假如防守方的另一玩家同样打出比♦5或♦2点数大的将牌将吃，这时定约方就可用点数大的将牌再次将吃（庄家可出将牌K、Q、10、9、7中的任意一张，明手出将牌A、J中的任意一张）。这样，定约方就凭借交叉将吃，拿到了赢墩。

牌局定约：4♦		
庄家所持手牌：		**明手所持手牌：**

庄家所持手牌：	明手所持手牌：
♠ 10	♠ 9、2
♥ A、J、9、7	♥ 8、6、4
♦ K、Q、10、9、7、5	♦ A、J、2
♣ K、6	♣ A、J、10、5、3

有将定约－定约方所持手牌情况（12）

小编说

只有在己方手牌里缺少防守方打出的那门花色牌时，才能将吃。如果手牌里有对应的花色牌，就需要跟出，而不能将吃。

◎ 用好飞牌

庄家还可以采用飞牌打法，来赢得赢墩。在打有将定约时，庄家可使用两种飞牌打法：一是针对普通花色的简单飞牌，二是将吃飞牌。

庄家针对普通花色采用飞牌打法，有以下几种情况。

一是，庄家手里有大牌 K 或 K、Q，但缺大牌 A 的情况。这时，庄家采用的飞牌打法是"躲 A"，即避免己方的 K 或 Q 被对手的 A 吃掉。

◆ 例 1

假设牌局最终定约为 5◆，方片花色为将牌，完成定约需要的目标墩数是 11（6+5）墩，首攻♥A，庄家和明手所持手牌如下所示，定约方共有 9 张将牌。

观察手牌可知，庄家所持手牌里有♣K、Q，而♣A 在防守方手里。当明手拿到出牌权，明手打出梅花小牌，如果♣A 在明手下家手里，且看明手出牌点数太小，没有出♣A，那么庄家凭借手里的 K 或 Q 就能得到 2 个赢墩。

如果明手下家打出♣A，庄家也可以选择出小牌♣3，避开大牌♣A。只要 A 在先出牌的防守方手里，且庄家手里有可代替出的牌，一般情况下庄家能成功避开对手的大牌 A，顺利拿到赢墩。

牌局定约：5◆

庄家所持手牌：		明手所持手牌：	
♠	K、9、7	♠	A、5、4
♥	5	♥	K、6
◆	A、K、Q、6、4、2	◆	8、7、3
♣	K、Q、3	♣	10、8、7、6、2

有将定约－定约方所持手牌情况（13）

二是，定约方手里有大牌 A、Q，但缺少大牌 K 的情况。这时，庄家采用的飞牌打法是"飞 K"，即利用 A、Q 这样的间张结构，去捕捉对手的 K 或避免对手的 K。

如果庄家持有牌张 A、Q，飞牌时需要从明手出牌，用明手的牌去吸引对手的 K，如果 K 在明手下家手中，那么庄家就有机会赢得 A、Q 这两墩牌。

◆ 例 2

假设牌局最终定约为 3♣，梅花花色为将牌，完成定约需要的目标墩数是 9（6+3）墩，首攻♠A，庄家和明手所持手牌如下所示，定约方共有 8 张将牌。

观察手牌可知，庄家所持手牌里有♦A、Q，而♦K 则在防守方手里。明手在拿到出牌权后打一张♦5，这时明手下家打出♦K，庄家出♦A，拿到 1 墩。因为防守方手里一共有 7 张方片牌，首攻人只有 1 张方片牌的可能性较小，所以庄家可以接着打出♦Q，再拿到 1 墩。

牌局定约：3♣	
庄家所持手牌：	**明手所持手牌：**
♠ 7、3	♠ K、J、9、2
♥ 8、5	♥ A、K、9、7
♦ A、Q、10	♦ J、5、2
♣ K、Q、9、8、6、2	♣ 10、5

有将定约－定约方所持手牌情况（14）

◆ 例 3

继续以例 2 牌型为例，牌局最终定约为 3♣，梅花花色为将牌，完成定约需要的目标墩数是 9（6+3）墩，首攻♠A，庄家和明手所持手牌如下所示，定约方共有 8 张将牌。

同样，庄家所持手牌里有◆A、Q，◆K则在防守方手里。明手拿到出牌权后，打出一张◆J，这时明手下家打出比◆J点数小的牌，庄家就可以猜测◆K可能在庄家下家手里（在首攻人手中），那么庄家凭借手里A、Q这两张牌，就注定只能拿到1墩。

牌局定约：3♣

庄家所持手牌：	
♠	7、3
♥	8、5
◆	A、Q、10
♣	K、Q、9、8、6、2

明手所持手牌：	
♠	K、J、9、2
♥	A、K、9、7
◆	J、5、2
♣	10、5

有将定约－定约方所持手牌情况（15）

小编说

在一种花色牌里，庄家持有A、Q的牌型结构，在己方手牌缺少K的情况下，牌张Q是难以兑现为赢墩的。

如果采用飞牌打法，庄家就有一半概率可以飞牌成功，把牌张Q兑现为赢墩；就算庄家飞牌失败，也不会增加额外损失。具体是飞牌成功，还是飞牌失败，要看牌张K在哪个位置上的防守方手里。

假如同一花色的大牌A、Q分别在庄家和明手的手牌里，庄家飞牌时，出牌技巧是先出牌张A，而不是先打出点数较小的牌张Q。

先出牌张Q，如果牌张K在明手下家手里并打出，那么庄家就要出A顶牌；如果明手下家没有打出牌张K，庄家一样要出牌张A，防止庄家的下家出牌张K在此轮赢牌。因此，无论牌张K在防守方哪一玩家手里，作为想要拿到赢墩的定约方都要打出牌张A，这样就在一轮出牌中打出该花色中的两张大牌，却只能拿到1个赢墩。

先出牌张 A，如果防守方不出牌张 K，则定约方拿到 1 个赢墩；如果防守方打出牌张 K，那么定约方仍然可以赢下这一墩，同时还消耗掉了防守方手中该花色里排在第二的大牌，而定约方手里的牌张 Q，就有机会兑现为赢墩（防守方将吃的情况除外）。

故而，采取先出大后出小的方式，让己方手里的两张大牌分别在两轮出牌打出，寻求拿到潜在赢墩的机会。同时，选择先出 A 也是为了制造一个让对手打出单张 K 的机会，一旦对手打出 K，己方手里的 Q 就有机会兑现为赢墩。

◆ 例4

假设牌局最终定约为 4♠，黑桃花色为将牌，完成定约需要的目标墩数是 10（6+4）墩，首攻♣K，庄家和明手所持手牌如下所示，定约方共有 8 张将牌。

观察定约方手牌里的红桃花色牌，庄家有♥A、6、4，明手有♥Q、10、7。结合上面讲解此结构牌型的对应飞牌打法，第一轮庄家以♣A 拿到第二轮的出牌权并打出♥A，防守方均跟出红桃花色牌，其中有♥K，明手出小牌♥7，定约方赢得 1 墩。此时可以看出，打♥K 的防守方缺红桃花色牌，庄家可以接着钓将，待防守方没有将牌后，再出红桃花色牌，可以用♥Q 拿到 1 墩。

牌局定约：4♠	
庄家所持手牌：	**明手所持手牌：**
♠ A、K、8、5	♠ J、6、3、2
♥ A、6、4	♥ Q、10、7
♦ K、Q、4	♦ A、J、6、5、3
♣ A、5、2	♣ 6

有将定约－定约方所持手牌情况（16）

三是，定约方手里有大牌A、K、J，但缺少大牌Q的情况。这时，庄家采用的飞牌打法是"飞Q"。

◆ 例5

假设牌局最终定约为2◆，方片花色为将牌，完成定约需要的目标墩数是8（6+2）墩，首攻♠A，庄家和明手所持手牌如下所示，定约方共有8张将牌。

观察定约方手牌里的红桃花色牌，庄家有♥A、K，明手有♥J。庄家拿到出牌权后可出♥A或K，先拿到一墩，同时也增加首攻人手牌剩单张♥Q的机会。等明手拿到出牌权，再打出♥8，如果♥Q在明手下家手中，定约方就有机会（本轮明手下家出Q）全部拿到♥A、K、J这3墩牌。

牌局定约：2◆

庄家所持手牌：		明手所持手牌：	
♠	4、3	♠	Q、7、2
♥	A、K、3	♥	J、9、8、4
◆	A、K、8、7、2	◆	6、4、3
♣	J、6、4	♣	A、5、2

有将定约－定约方所持手牌情况（17）

躲A、飞K、飞Q这几种情况，是桥牌中基本的飞牌打法。在桥牌实战中，采用同样的打法原理，在某些情况下还可以飞J、10等相对偏小的牌，大家可在实战中尝试。

飞牌打法虽然是争取赢墩的一种便捷方法，但玩家在实战中也不能忽略使用飞牌打法时的风险，因此要慎用飞牌、用好飞牌。一旦飞牌不成功，就有可能会影响牌局定约的顺利完成。

另外，庄家还可以使用将吃飞牌的打法来取得赢墩，即一方玩家持长套花色，同伴则将吃该花色。

当定约方中一方连续打出一种花色牌且同伴缺少该花色牌时：如果防守方没有用大牌压牌，那么同伴就进行垫牌；如果同伴的上家打出大牌，这时同伴就出将牌将吃，拿到赢墩。

◆ 例 6

假设牌局最终定约为 2♣，梅花花色为将牌，完成定约需要的目标墩数是 8（6+2）墩，首攻♠J，庄家和明手所持手牌如下所示，定约方共有 9 张将牌。

观察定约方手牌里的方片花色牌，假设明手下家手里有♦A。在庄家打缺方片花色后，当明手出♦K，如果明手下家出♦A，庄家则出♣6将吃，确保♦K不成为输墩。

牌局定约：2♣	
庄家所持手牌：	**明手所持手牌：**
♠ K、6、2	♠ A、9
♥ Q、7、4、3、2	♥ A、K、6
♦ 5	♦ K、10、6
♣ A、10、J、6	♣ K、Q、9、8、7

有将定约－定约方所持手牌情况（18）

将吃飞牌，避免了某种花色牌成为输墩，同时也会产生一定的赢墩，是有将定约中常用的打法之一。

此外，庄家也可以建立长套来获得赢墩，但此打法在打无将定约时使用较多，因此在有将定约的坐庄打法中不做讲解，而放在无将定约的坐庄打法中介绍。

4.1.3 无将定约的坐庄打法

打无将定约时，红桃、梅花、方片、黑桃这四种花色之间没有等级高低之分，也不存在钓将与将吃。相比于打有将定约，打无将定约就要简单很多，庄家在打法侧重点上与打有将定约有一些区别，下面一起来看看。

◎ **获取己方手牌信息**

在打无将定约时，己方的手牌实力非常重要。打无将定约时，定约方主要依靠手牌里各花色牌的点数、张数来取得赢墩，整体的手牌实力与能拿到的赢墩数直接相关。所以，庄家在知道明手的手牌情况后，需要思考以下问题。

首先，庄家要计算己方手牌里的赢张与潜在赢张，推断凭借已有的赢墩数是否能完成牌局定约。

◆ **例 1**

假设牌局最终定约为 4NT，完成定约需要的目标墩数是 10（6+4）墩，首攻♣A，庄家和明手所持手牌如下所示。

观察手牌可知，定约方确定能拿到 10 墩，即♠A、K，♥A、K、Q、J，◆K、Q、J、10 等牌张，满足完成牌局定约需要的赢墩数量。

牌局定约：4NT

庄家所持手牌：		明手所持手牌：	
♠	A、6、5	♠	K、7
♥	K、Q、J、8	♥	A、10、5
◆	K、J、8、3	◆	Q、10、4、2
♣	6、5	♣	Q、10、8、3

无将定约－定约方所持手牌情况（3）

◆ **例2**

假设牌局最终定约为1NT，完成定约需要的目标墩数是7（6+1）墩，首攻♥A，庄家和明手所持手牌如下所示。

观察手牌可知，庄家确定能拿到4墩，即♠A，♦A，♣A、K等牌张，想要完成定约，还需要3个赢墩。因此，除去确定能拿到的赢墩，还要找准潜在赢墩，比如♥K，♠Q、J、10，♣J等牌张。只要在这些牌张里拿到3个赢墩，庄家就能完成定约。

牌局定约：1NT	
庄家所持手牌：	**明手所持手牌：**
♠ J、3、2	♠ A、Q、10、4
♥ 9、6、3、2	♥ K、7、4
♦ A、10、6	♦ 9、5
♣ K、9、7	♣ A、J、4、2

无将定约－定约方所持手牌情况（4）

其次，庄家要初步规划己方的出牌顺序，努力争取赢墩。

当庄家计算己方手牌里的赢墩数后，假如已有的赢墩数能达到定约所需的目标，庄家只要依次兑现赢墩即可。可如果确切赢墩数不够，庄家就需要认真考虑各花色牌打出的先后顺序，确保能拿到该花色里的所有赢墩。

◆ **例3**

假设牌局最终定约为3NT，完成定约需要的目标墩数是9（6+3）墩，首攻♠K，庄家和明手所持手牌如下所示。

观察手牌可知，定约方能拿到的赢墩有♠A，♥A、K、◆A、K、Q、J、10，♣A等牌张。其中♠A，♥A、K，◆A、K，♣A这几张牌在定约方拿到出牌权后可以直接兑现，但要兑现明手手牌里的方片牌墩就要注意了。

假如庄家先打出◆3，明手打出◆K赢牌，随后明手再出◆2，庄家用◆A拿到赢墩。这时，明手的◆Q、J、10虽然也是大牌，但庄家已经没有方片牌张可打出去兑现明手手里剩余的方片了。因此，庄家要先打◆A，再出◆3，把出牌权给明手，随后明手就可以集中将手里的方片牌兑现成赢墩。

牌局定约：3NT

庄家所持手牌：		明手所持手牌：	
♠	7、6、3	♠	A、9
♥	K、9、4、3	♥	A、8、2
◆	A、3	◆	K、Q、J、10、2
♣	A、10、7、5	♣	9、3、2

无将定约－定约方所持手牌情况（5）

◎ 建立长套赢墩

在实战中，定约方并不是每一局牌都能凭借己方已有的大牌拿到定约所需的赢墩数，庄家还需通过其他方式来获得赢墩，比如利用长套来取得赢墩。

建立长套赢墩，是庄家打无将定约的常用打法。打无将定约时的每一轮的出牌，通常会变成定约方与防守方抢先建立长套赢墩的过程，所以不管是坐庄还是防守，都要优先考虑建立长套赢墩。建立长套赢墩，庄家的做法如下。

首先，根据己方手牌里各花色牌的张数，看己方手牌里是否存在长套花色，找到可用于建立长套赢墩的花色。

如果手牌里存在多个长套，庄家就要选择牌型结构好且牌张点数大的花色牌来建立长套赢墩。

◆ 例 1

假设牌局最终定约为 3NT，完成定约需要的目标墩数是 9（6+3）墩，首攻 ♥K，庄家和明手所持手牌如下所示。针对定约方的这两手牌，想要建立长套赢墩，可以选择哪些花色牌？

由定约方的手牌可知，梅花牌按 4-5 形式分配且牌张点数都比较大，梅花属于强牌长套花色，故可以选择梅花来建立长套赢墩。庄家拿到出牌权后，可优先攻出黑桃、红桃和方片等花色的牌张，分析防守方的牌型分布情况，也可以先兑现♣A、K，去试探防守方手牌的梅花分布情况。

此外，庄家也可以考虑选择建立黑桃或方片的长套赢墩，利用手牌的梅花长套优势，集中攻出梅花，迫使防守方垫牌，为庄家手牌里的其他花色牌创造赢墩机会。

牌局定约：3NT	
庄家所持手牌：	**明手所持手牌：**
♠ K、8、5、4	♠ A、J
♥ Q、9、7	♥ 4、2
♦ A、K	♦ J、7、5、3
♣ A、9、5、4	♣ K、J、10、8、2

无将定约－定约方所持手牌情况（6）

其次，建立长套赢墩时，庄家还要考虑手牌里的进手张，以便能有机会上手去兑现长套赢墩。每一轮出牌的赢家会领出下一轮牌，谁要想领出（首攻除外），谁就必须有可以成为赢墩的牌，即进手张。

庄家常常会遇到已经建立起长套赢墩，但无法上手来兑现的局面。所以，在无将定约坐庄时，不仅要考虑手中赢张的数量，而且还要考虑手里的进手张，并且思考如何兑现这些赢张。

◆ **例 2**

假设牌局最终定约为 3NT，完成定约需要的目标墩数是 9（6+3）墩，首攻◆K，庄家和明手所持手牌如下所示。

牌局定约：3NT

庄家所持手牌：	明手所持手牌：
♠ A、3	♠ K、10、8、4、2
♥ A、Q、J、6	♥ 8、4、3
♦ 8、2	♦ A、3
♣ A、Q、8、7、4	♣ K、6、2

无将定约－定约方所持手牌情况（7）

观察手牌可知，定约方联手有 7 个确切赢墩，同时有 7 张黑桃和 8 张梅花的长套，且梅花的牌型结构优于黑桃，所以建立长套赢墩时应该考虑梅花。

如果防守方持有的 5 张梅花是按 3-2 形式分配的，定约方就能顺利拿到 9 墩，完成定约；如果防守方持有的 5 张梅花是按 4-1 或 5-0 形式分配的，那么定约方就要借助其他打法来取得赢墩。比如，利用红桃进行飞牌，飞牌成功就能拿到缺少的 2 个赢墩。

飞牌时手牌里要有进手张，即定约方用◆A吃进首攻牌后连续打出两轮梅花，如果防守方都能跟牌，就表明他们手牌里的梅花是按3-2形式分配的，随后庄家继续出梅花，明手用♣K拿到出牌权，至此防守方手中的梅花都被打光，而定约方在黑桃和红桃这两种花色里有进手张，就可以兑现2张已经做大了的梅花小牌。

假如庄家第二轮打出梅花时，防守方的一家垫牌，表明他们手牌里的梅花是按4-1形式分配的，这时庄家就知道利用梅花长套拿到赢墩的希望破灭了。此时，就可以利用明手的♣K和♠K获得两次出牌权，连续飞♥K，希望明手下家持有♥K，这样庄家就能飞牌成功，顺利拿到♥Q、J这2个赢墩。

综上所述，长套赢墩主要在一方持有多张牌的花色里产生。假设庄家把某种花色牌集中出过几轮之后，防守方的手牌里已经没有该种花色牌，这时庄家手里剩余的该花色小牌，就会变为赢墩。

此外，庄家建立长套花色以及在长套里能建立多少个赢墩，与防守方持有的该种花色牌张数的分布情况密切相关，大家可以在实战中多多体会。

小编说

对初学者来说，如何知道己方的长套是否成为赢墩了呢？

先计算己方持有长套花色的张数，并注意防守方在这种花色中的跟牌情况，然后进行简单的减法运算，就能清楚知道己方剩余的花色牌能否变成赢墩。

◎ 用好飞牌技巧

无将定约里坐庄采用的飞牌打法，基本与有将定约里的一致，只是没有将吃飞牌这一情况。故而在无将定约的坐庄打法里，就不重复讲解飞牌的相关内容，大家可在有将定约的坐庄打法里了解。

4.2 防守打法

防守方的对手是定约方，从手牌情况来看处于劣势，因此需要采取有效的防守打法。

4.2.1 防守打法原则

定约方的最终目标，是争取拿到足够多的赢墩去完成定约。作为防守方，其主要目的是尽可能地阻止庄家取得赢墩，使定约被打宕。

防守方可以通过自己拿到的手牌情况，以及定约方在叫牌过程反映出的相关信息，去大致分析他们的手牌实力和牌型分布情况，以便找到正确的防守打法。

◎ 明确防守目标

防守方的最终目标就是打宕定约，所以要清楚己方至少需要拿到多少个赢墩才能打宕定约，其计算方式是：牌墩总数－（固定底数＋最终定约阶数）+1，即 13－（6+X）+1。

如果牌局最终确定打 2 阶定约，那么防守方在该牌局中至少要得到 6 个赢墩才能打宕定约；如果牌局最终打 4 阶定约，防守方至少需要拿到 4 个赢墩才能够打宕定约；如果牌局为大满贯定约，那么防守方只需拿到 1 个赢墩就可以打宕定约。

总之，防守方想要打宕定约，就要让庄家在打成定约所需要的目标墩数上，至少少拿 1 墩才行。

◎ 明确各自定位，分析牌局

通过前面讲解的"坐庄打法"的相关内容，我们可知庄家能看到己方的手牌信息。而防守方在打出首攻之前，只知道自己的手牌信息。即使这样，防守方依然可以根据牌局定约，就手牌情况进行初步分析，明确赢张及将牌的张数，预判打宕定约的可能性。

注意，防守方要先找准各自的角色定位，有针对性地分析。此外，防守方还要养成计算赢墩数的习惯，可以先进行初算，然后再根据明手的牌况去调整、修正自己的结论。

◎ 制定防守打法

在首攻打出之前，防守方无法给出明确的防守打法，只有在了解明手的手牌信息之后，再结合叫牌过程中收集到的相关信息，才能制定相应的防守打法。

在牌局对战中，防守方主要通过找准首攻出牌方向、接收同伴信号、合理使用将牌以及建立长套赢墩等方式来展开防守。

总的来说，防守方应该根据庄家的打牌思路进行防守。

◎ 掌握防守信号

信号就是防守方利用小牌在跟牌、垫牌顺序上的变化来传递牌型、牌点位置和出牌意图的信息。

在牌局对战中，防守方需要了解三种信号，即姿态信号、张数信号、出牌花色选择信号。

首先，根据同伴的跟牌情况，观察自己出的牌是否正好击中同伴手牌的强牌花色，即接收同伴表现出来的"姿态信号"。一般情况下，跟牌先大后小即表示欢迎，跟牌先小后大则表示不欢迎。

其次，结合牌局中的出牌情况，观察同伴的跟牌情况，判断同伴持有的某花色牌是单数还是双数，即接收同伴反馈的"张数信号"。一般情况下，跟牌先大后小表示该种花色牌为双数，跟牌先小后大表示该花色牌是单数。

最后，当自己打缺某种花色牌后，通过垫牌去引导同伴攻出自己有优势的花色牌，即为同伴提供"出牌花色选择信号"。

以上防守信号，大家可以提前和同伴沟通，准确接收同伴在跟牌或垫牌上的出牌意图。

4.2.2 有将定约的防守打法

通常情况下，防守方对牌力以及牌张的分布情况要比庄家掌握得少，防守相对要难很多。当牌局定约为有将定约时，将牌的存在使得防守变得难度更大。

◎ **分析牌局情况**

防守方在打有将定约时，要先明确自己手牌里的将牌点数与张数，以及在其他花色牌里能拿到的赢墩数，然后计算距离打宕定约还差多少赢墩，最后看手牌里有几个进手张，判断控牌能力。

◆ **例 1**

假设牌局最终定约为 5♠，黑桃花色为将牌，定约方完成定约需要的目标墩数是 11（6+5）墩，防守方至少需要拿到 3 个赢墩，才能防守成功，使牌局定约被打宕。

首攻人所持手牌如下所示，观察可知，首攻人的手牌里大部分是点数在 10 以下的小牌，也没有大牌 A，并且将牌也只有♠3、5。就首攻人的这副手牌来说，整体牌力偏弱，防守方想要打宕牌局定约，是有一定难度的。后续可以等明手摊牌，结合明手的手牌情况，以及同伴的出牌情况，再次估算己方的手牌实力。

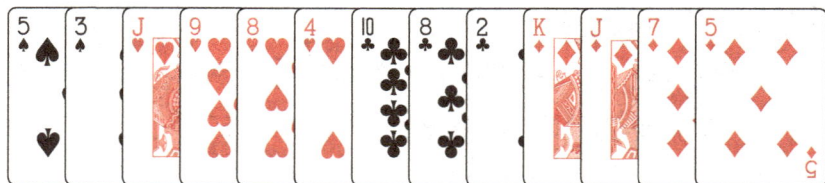

牌局定约：5♠

有将定约－首攻人所持手牌（1）

防守方不仅要计算手牌里的将牌和赢张，还要对手牌牌型进行简单分析，看手牌中是否存在长套、能否建立长套赢墩。虽然防守方的长套有很大概率会被定约方将吃，但只要长套牌型结构足够强，定约方也不会轻易将吃，这样就有机会拿到赢墩。

◆ 例2

假设牌局最终定约为3♥，红桃花色为将牌，定约方完成定约需要的目标墩数是9（6+3）墩，防守方至少需要拿到5个赢墩，才能防守成功，使牌局定约被打宕。

首攻人所持手牌如下所示，手牌中只有一张将牌♥J，有1个确切赢墩◆A，同时方片花色为长套，如果同伴拿到4张方片，那么在这局牌中，防守方可以考虑从方片长套上去拿墩。

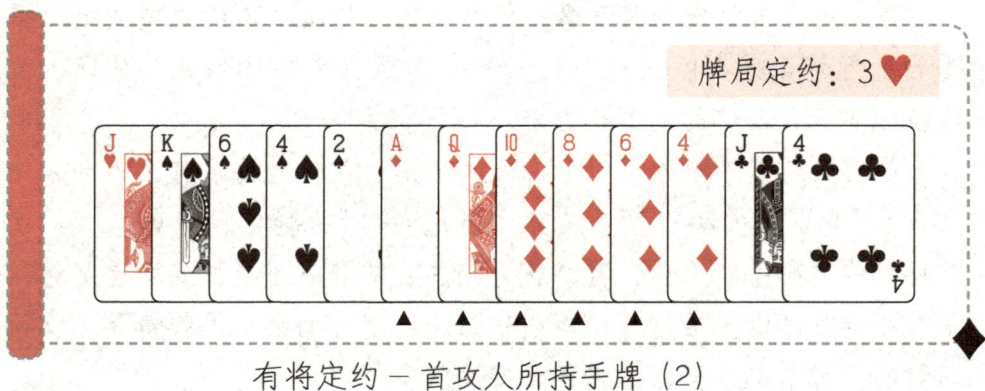

牌局定约：3♥

有将定约－首攻人所持手牌（2）

◎ 找准首攻出牌方向

牌局打有将定约，手牌就被分成普通花色牌和将牌两部分，故而首攻人就有普通花色牌和将牌这两种首攻方向可以选择。因此，在打有将定约时，首攻出牌的核心是大牌和钓将。

当首攻人以普通花色牌为首攻方向时，要选择自己手里安全度高的花色牌，比如带有连张大牌A、K的花色牌。

◆ 例1

假设牌局最终定约为 4♥，红桃花色为将牌，定约方完成定约需要的目标墩数是 10（6+4）墩，防守方至少需要拿到 4 个赢墩，才能防守成功，使牌局定约被打宕。

首攻人所持手牌如下所示，有梅花长套且带有♣A、K 大牌，可以选梅花做首攻花色。只要定约方两个玩家手牌里的梅花牌张在 2 张及以上，首攻人依次攻出♣A、K，就可以顺利地拿到 2 个赢墩。

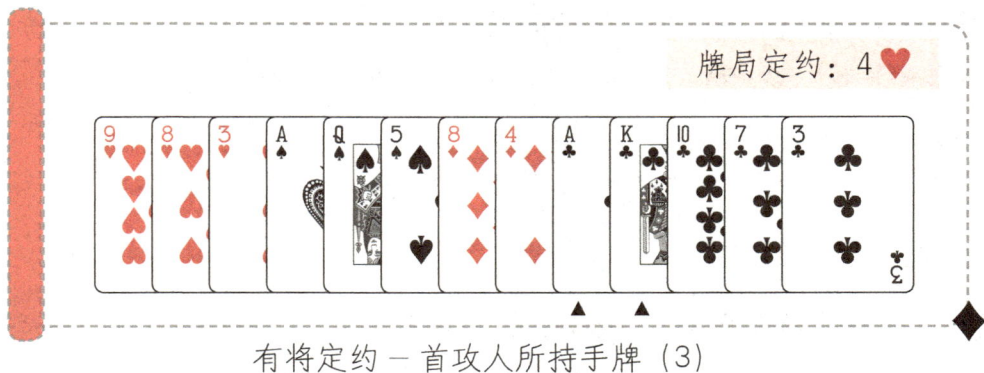

有将定约－首攻人所持手牌（3）

首攻人可以选择首攻自己手里的短套花色牌，以待将吃。在实战中遇到以下情况时，选择首攻短套花色牌。

1. 拿了一手极弱的牌，想要取得赢墩就只能依靠将吃。

2. 手中有单张大牌A带同花色小牌的短套花色。

3. 手中将牌有进手张，即将牌为A×、A××或K××等牌型结构，首攻短套花色就比较有诱惑力。因为定约方无法先充分兑现赢张，当定约方钓将时又不能阻止首攻人进手，所以首攻人便有机会拿到赢墩。

◆ 例2

假设牌局最终定约为 4♣，梅花花色为将牌，定约方完成定约需要的目标墩数是 10（6+4）墩，防守方至少需要拿到 4 个赢墩，才能防守成功，使牌局定约被打宕。

　　首攻人所持手牌如下所示，其中只有 4 张弱将牌，钓将时无法上手，只能寄希望于将吃赢墩。而红桃花色牌为短套且只有 1 张，综合将牌因素，可选择用红桃做首攻，首攻♥9，先打缺该种花色牌张，创造将吃机会。

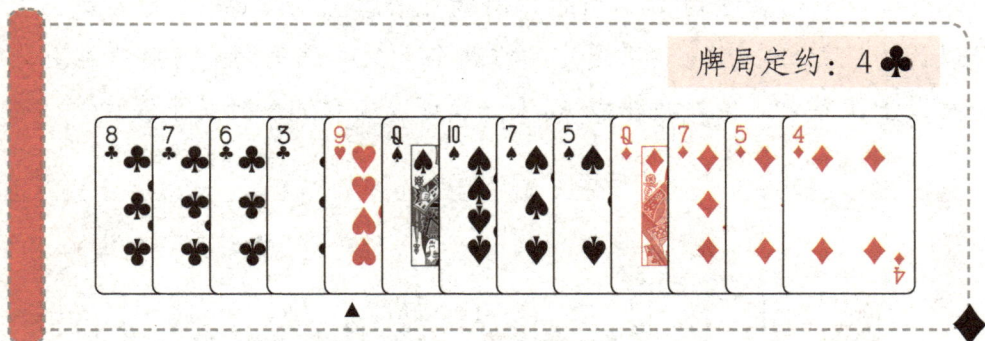

牌局定约：4♣

有将定约－首攻人所持手牌（4）

◆ 例 3

　　假设牌局最终定约为 3◆，方片花色为将牌，定约方完成定约需要的目标墩数是 9（6+3）墩，防守方至少需要拿到 5 个赢墩，才能防守成功，使牌局定约被打宕。

　　首攻人所持手牌如下所示，红桃花色为大牌 A 带一张小牌，可选作首攻，首攻♥A，随后再出♥8。这样做目的有两种：一是首先拿到确切赢墩，以防被定约方将吃而损失一个赢墩；二是打缺红桃花色，希望后续能在红桃花色上获得将吃机会。

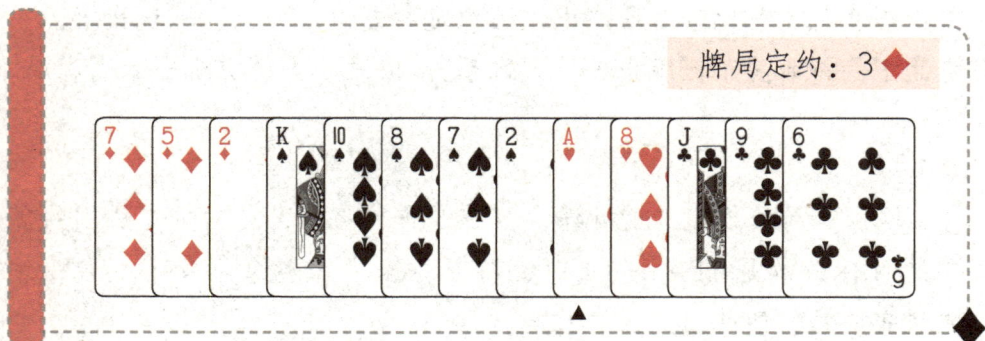

牌局定约：3◆

有将定约－首攻人所持手牌（5）

注意，当花色牌中只有 A 或 K 单张大牌的情况时，不要打出该花色牌里的小牌。如在例 3 中，如果首攻人选择先攻出♥8，而不是♥A，就会失去出牌控制权，而自己一开始预想的将吃，就很有可能无法实现。

◆ 例 4

假设牌局最终定约为 3♠，黑桃花色为将牌，定约方完成定约需要的目标墩数是 9（6+3）墩，防守方至少需要拿到 5 个赢墩，才能防守成功，使牌局定约被打宕。

首攻人所持手牌如下所示，将牌里带有♠A。在将牌 A 的作用下，无论定约方拿到出牌权后是选择钓将，还是打出其他花色牌，首攻人都有机会进张，从而有机会让同伴进手并给自己吃张。

故首攻人可选择首攻◆K，这样在有拿墩机会的同时，还可以去试探◆A 在哪个玩家手里。

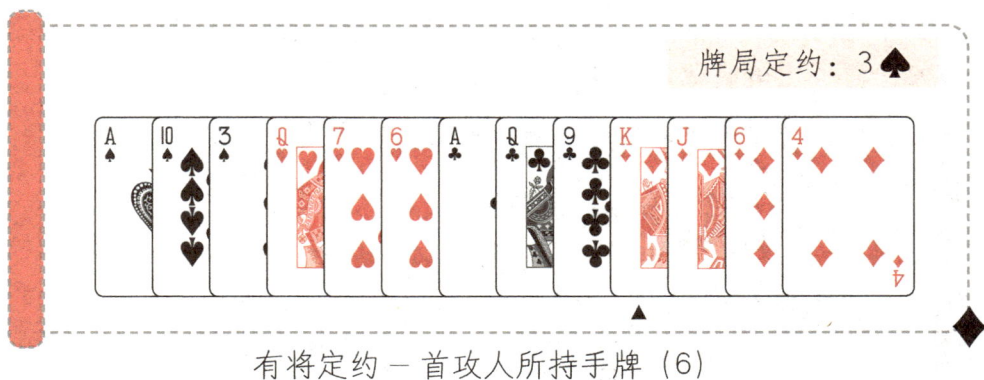

牌局定约：3♠

有将定约－首攻人所持手牌（6）

以将牌做首攻在实战中使用得较少，大家可以在实战中总结在哪些情形下可以首攻将牌，在此处只简单介绍。

对防守方来说，一般情况下是不建议选择将牌做首攻的。只有在叫牌过程中发现同伴持有的将牌有赢牌优势，或者自己所持的将牌有赢牌优势，才考虑首攻将牌，减少庄家利用小将牌将吃的机会。

此外，假如首攻人和同伴的大牌实力异常雄厚，而定约方只能凭借其手牌里的牌型分布优势，不惜面临定约被打宕的风险硬抢定约。这时首攻人也可以考虑首攻将牌，去削弱定约方的将吃能力。

◎ 合理使用将牌

虽然防守方的手牌缺少一定的赢牌优势，但在有将定约里，将牌的存在也可以帮助防守方找到合适的防守打法。

将牌，是防守方在除去大牌之外，能有效获得赢墩的另一种牌，其主要使用形式是"钓将"和"将吃"，由于防守方持有的将牌数量有限，常使用方式是将吃。

对防守方来说，将吃要用之有效，不要轻易使用，也要避免毫无目的地使用。

◆ 例1

假设牌局最终定约为4♥，红桃花色为将牌，定约方完成定约需要的目标墩数是10（6+4）墩，防守方至少需要拿到4个赢墩，才能防守成功，使牌局定约被打宕。

首攻人所持手牌如下所示，手持♥A、K、9、8防守价值较高的将牌。假设庄家的将牌结构为大牌Q搭配多张小牌的弱将牌，如果首攻人在出牌过程中贸然将吃，则可能会在将牌上丢失赢墩。

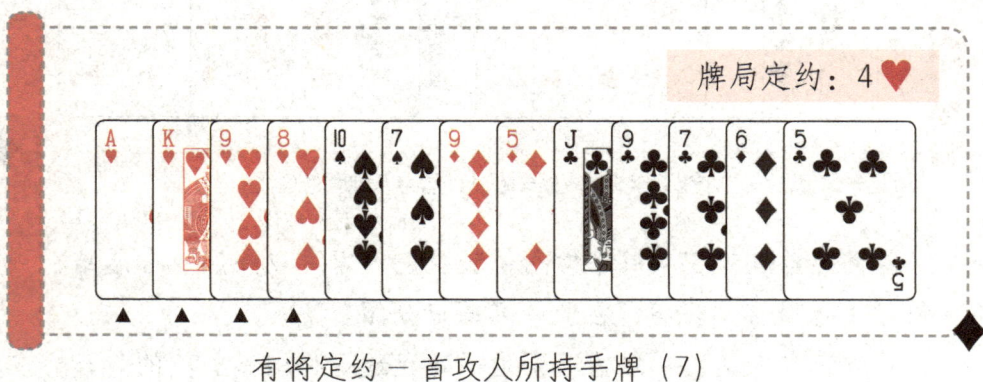

牌局定约：4♥

有将定约－首攻人所持手牌（7）

◆ 例2

假设牌局最终定约为3♦，方片花色为将牌，定约方完成定约需要的目标墩数是9（6+3）墩，防守方至少需要拿到5个赢墩，才能防守成功，使牌局定约被打宕。

首攻人所持手牌如下所示，首攻人持有防守价值较高的将牌◆A、K，同时有红桃连张强套，缺梅花花色。

综合整体手牌情况，首攻人可以考虑首攻将牌◆6，等♥A出来之后再依靠将吃拿到出牌权，转攻红桃花色牌，争取拿墩。

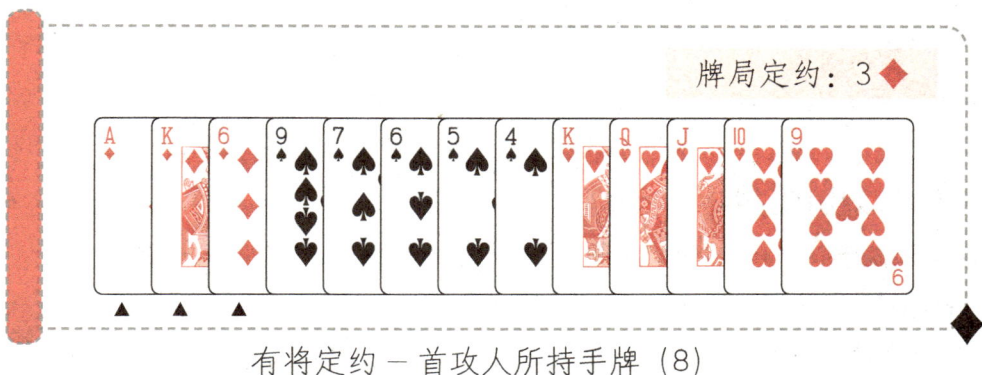

牌局定约：3◆

有将定约－首攻人所持手牌（8）

◎ 防守信号

有将定约中，防守方除了明白同伴给出的姿态信号、张数信号、出牌花色选择信号等信号内容，还要注意"将牌信号"。

将牌信号，即表示自己手中持有将牌张数的信号，以便确认自己或同伴在牌局当前阶段，还有没有将吃能力。一般情况下，跟牌或垫牌先大后小表示有3张将牌，跟牌或垫牌先小后大表示有2张或4张将牌。

此外，防守方可以在打出让同伴将吃牌张的同时用牌张的大小指示同伴回攻的花色，以求再次将吃。比如，出小牌表示在除将牌外的两门中花色较低的一门自己有进手张，出大牌表示在除将牌外的两门中花色较高的一门自己有进手张。

4.2.3 无将定约的防守打法

无将定约和有将定约的防守打法有一些区别。在有将定约中，需要考虑将牌对获得赢墩的影响。而在无将定约中，想要获得赢墩就主要依靠手牌里牌张本身的大小以及拿到的长套花色。

因此，打无将定约时，防守方在首攻出牌选择、防守信号沟通、跟牌与垫牌等方面打法的侧重点，与有将定约是不一样的。

◎ **首攻出牌选择**

在无将定约中没有将牌，每轮出牌的输赢与第一个出牌玩家打出的花色牌及牌张点数有关。

如果所有玩家都有对应花色牌跟出，所出牌点最大者赢；如果有玩家没有跟出对应的花色牌，选择垫出其他花色牌，就不参与本轮所出牌张的大小对比，在同花色的出牌者里分出赢家。因此，打无将定约时，首攻出牌的核心是大牌和花色牌的数量（即长套花色）。

首攻人手牌里有带 A 的连张大牌，可以优先选择首攻连张大牌 A、K。

首攻连张大牌 A、K，可以先掌握出牌权，再根据同伴与对手玩家的出牌来判断自己初定的防守打法是否可行，如实际情况与自己设想的有偏差，可以及时调整打法，努力争取赢墩。

◆ **例1**

假设牌局最终定约为 2NT，定约方完成定约需要的目标墩数是 8（6+2）墩，则防守方至少需要拿到 6 个赢墩，才能防守成功，使牌局定约被打宕。

首攻人所持手牌如下所示，其中有♣A，♥A、K 等牌，按首攻的出牌思路，首攻人可选择首攻红桃花色里的连张大牌♥A 或♥K，先拿赢墩。

牌局定约：2NT

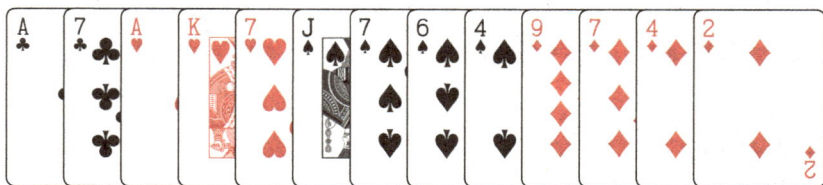

无将定约－首攻人所持手牌（1）

当手牌里的短套花色有大牌A时，其也是做首攻的不错选择。

短套花色里的大牌A，缺少其他大牌做依靠，是可以先考虑用来做首攻的。如果不做首攻，当定约方拿到出牌权，这张大牌A有可能会作为垫牌打出，从而让首攻人失去1个赢墩。

◆ 例2

假设牌局最终定约为3NT，定约方完成定约需要的目标墩数是9（6+3）墩，则防守方至少需要拿到5个赢墩，才能防守成功，使牌局定约被打宕。

首攻人所持手牌如下所示，手牌里有黑桃长套，梅花、方片为短套，其中梅花短套里带有大牌♣A。结合首攻的出牌思路，首攻人出♣A，先兑现能拿到的确切赢墩。

牌局定约：3NT

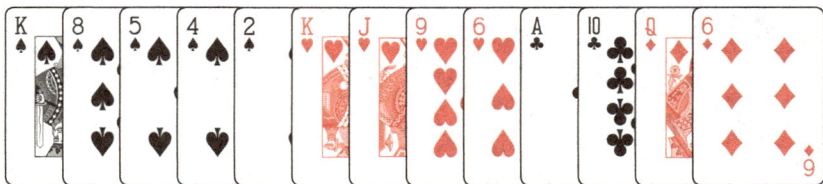

无将定约－首攻人所持手牌（2）

如果首攻人拿到的手牌里没有大牌A、K，整体牌力较弱，那么首攻可考虑选择同伴在叫牌时叫过的花色牌。

因为，同伴争叫过某种花色牌，说明他手里有对应花色的大牌或有多张，同伴希望首攻可以击中他叫的那种花色，从而拿到赢墩。

◆ 例3

假设牌局最终定约为3NT，定约方完成定约需要的目标墩数是9（6+3）墩，则防守方至少需要拿到5个赢墩，才能防守成功，使牌局定约被打宕。

首攻人所持手牌如下所示，最大的牌张是J，也没有进手张，整体牌力较弱。如果同伴在叫牌时叫过方片花色，说明其手中这门花色牌张不差，那么可考虑首攻方片，比如首攻◆7，让同伴去主导出牌。

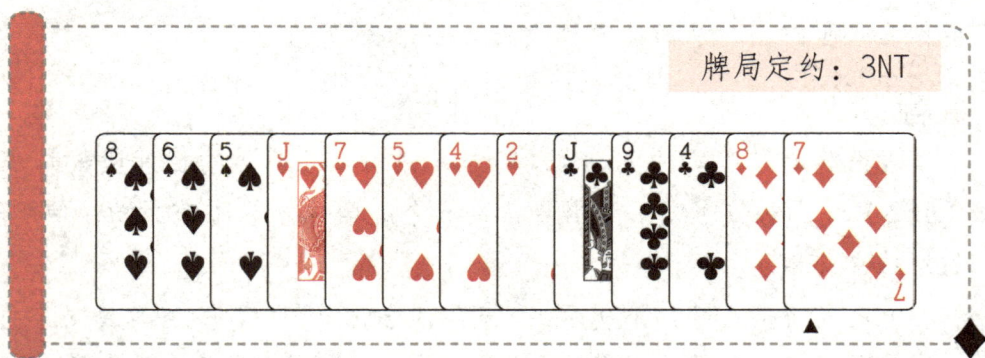

牌局定约：3NT

无将定约－首攻人所持手牌（3）

此外，还有其他一些首攻选择。比如结合明手的实际叫牌，如果预感到明手的手牌里有很强的长套花色牌，可考虑首攻带有大牌的短套，比如带有AK、AQ、AJ或KQ等牌的花色，不要选择牌力比较弱的长套。或者当庄家已叫过两门花色，最后打无将定约时，首攻明手叫过的花色，也可以考虑首攻手里的单张大牌。又或者如果明手叫过两门花色，可以考虑首攻庄家叫过的花色。

总之，打无将定约时，首攻人除了可选择首攻自己的大牌或长套，还可以尝试其他的首攻选择，提升自己的牌技。

◎ 建立长套赢墩

建立长套赢墩是坐庄的常用打法，同时也是防守方在牌局中取得赢墩的有效打法。

防守方要想建立长套赢墩，首先要手牌里有长套花色并且长套花色里要有大牌张，同时手牌里最好有进手张，这样才有机会兑现长套赢墩。

◆ 例 1

假设牌局最终定约为2NT，定约方完成定约需要的目标墩数是8（6+2）墩，则防守方至少需要拿到6个赢墩，才能防守成功，使牌局定约被打宕。

防守方所持手牌如下所示，其中黑桃有6张，为长套花色，同时有进手张♥A和♠K，只要黑桃是定约方的弱花色牌，防守方就可以在黑桃花色上建立长套赢墩，并有机会兑现赢墩。

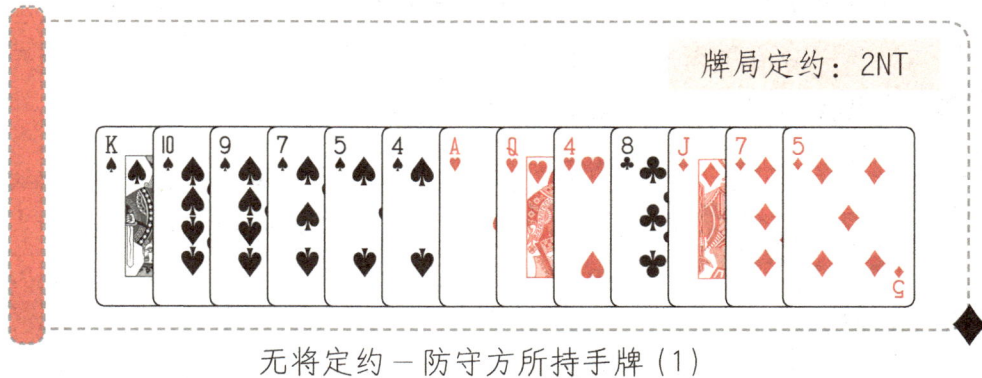

牌局定约：2NT

无将定约－防守方所持手牌（1）

◆ 例 2

假设牌局最终定约为4NT，定约方完成定约需要的目标墩数是10（6+4）墩，则防守方至少需要拿到4个赢墩，才能防守成功，使牌局定约被打宕。

防守方所持手牌如下所示，红桃花色为长套花色，虽然红桃有K、Q、J等大牌张，但由于手牌里没有绝对的进手张（即大牌A），玩家无法上手，因此红桃长套变成赢墩的可能很小。

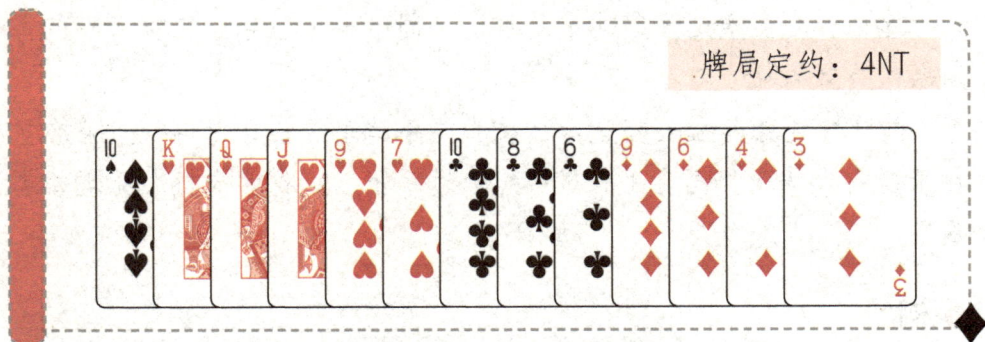

牌局定约：4NT

无将定约－防守方所持手牌（2）

在无将定约牌局中，防守方只有少数几手能拿到出牌权，大部分时间都在跟着定约方出牌，有时还需要垫牌。

很多桥牌初学者作为防守方时，常常会稀里糊涂地选一张垫牌，这样做对打宕定约是没有帮助的。防守方要利用垫牌去清除手牌里的其他花色牌，为长套花色创造变成赢墩的可能。

防守方垫牌需要考虑以下内容：首先考虑手中剩余各花色牌的张数，其次结合各玩家的出牌计算手里剩余花色牌的点数，最后综合考虑以上两点内容后，再确定垫出哪张牌。

◎ 防守信号

在无将定约里，防守方在姿态信号、张数信号、出牌花色选择信号等方面，要重点注意同伴给出的"出牌花色选择信号"。

在同伴兑现手里赢墩时，如果自己没有对应的花色牌，那么所选择的垫牌，就提示了除垫牌这门花色外的其他两门花色牌的情况。

比如，垫大牌表示除自己垫的这门花色外，剩余两门中，较高花色里有大牌；垫小牌表示除自己垫的这门花色外，剩余两门中，较低花色里有大牌。

第五章

桥牌实战练习

本章主要为桥牌实战练习，每个牌例都给出了出牌过程，并且对牌局采取的打法进行解析与总结，让读者能理解每个牌例的打法重点和打牌过程中做出的相关判断，帮助读者学到一些打牌技巧，并有效运用到实战当中。

5.1 实战牌例 1

局况	发牌方（开叫）	定约	叫牌过程	N	E	S	W
						1NT	—
双方有局	南家	南：3NT		2NT	—	3NT	—
				—	—	—	

明手

首攻人

W / N / E / S

明手下家

庄家

◎ 打牌过程

出牌	W	N	E	S
第 1 轮	♥7 ▲	♥2	♥5	♥K
第 2 轮	♦3	♦2	♥9	♦A ▲
第 3 轮	♦K	♦9	♠4	♦4 ▲
第 4 轮	♣3 ▲	♣2	♣Q	♣A
第 5 轮	♠2	♠A	♠5	♠3 ▲
第 6 轮	♦5	♦Q ▲	♣9	♦8

（续表）

出牌	W	N	E	S
第 7 轮	♦ 6	♦ J ▲	♠ 8	♦ 7
第 8 轮	♠ 6	♦ 10 ▲	♠ 9	♠ 7
第 9 轮	♥ 8	♥ 4 ▲	♥ J	♥ A
第 10 轮	♣ 7	♠ 10	♠ J	♠ K ▲
第 11 轮	♣ 8	♣ 4	♣ J	♣ 5 ▲
第 12 轮	♥ 10	♣ 6	♣ K ▲	♣ 10
第 13 轮	♥ Q	♥ 6	♠ Q ▲	♥ 3

结果：

在牌局中，防守方拿到 4 个赢墩，定约方拿到 9 个赢墩，完成牌局定约。

说明

1. 表格中带有三角形标识的玩家，为每一轮出牌的首出者。

2. 表格中浅红底色为定约方的赢墩标记，浅灰底色为防守方的赢墩标记。

◎ 案例解析

牌局打法解析

西家（首攻人）首攻♥7。

从整个牌局来看，庄家要想完成定约，只有努力兑现明手的方片花色的长套赢墩，希望能飞中对手的♦K。

观察定约方拿到的两副手牌，这局定约是比较容易完成的，但要是没有选对打法，仍然可能将定约打宕。

比如，庄家第 1 轮出♥K拿到出牌权，假如第 2 轮打出黑桃让明手用♠A上手，第 3 轮明手出♦Q或♦J去飞对手的♦K。这种情况下，如果西家手持 4 张方片（即明手下家缺少方片），那么明手想兑现方片花色里的长套赢墩，就不会很顺利，从而影响定约方拿到的赢墩数。

正确打法是，庄家第 2 轮用♦A去飞对手的♦K，庄家第 3 轮继续出方片，即使对手手中有♦K，也能顺利兑现明手的方片长套赢墩。

牌例分析与总结

1.南北方（庄家和明手）的两副手牌牌点共计25点，且双方平均型牌相互配合，红桃、梅花、方片等花色中都有点数较小的牌张。此外，北家手牌牌点共7点，且有一个较好的方片长套以及♠A。

2.在打无将定约时，如果定约方联手的某一花色牌张数在8张及以上，就应该想方设法建立长套，争取长套赢墩。

5.2 实战牌例2

局况	发牌方（开叫）	定约	叫牌过程	N	E	S	W
					1♦	2♣	—
				2♠	—	3NT	—
东西有局	东家	南：3NT		—			

明手：♠Q J 9 8 5 ♥10 8 6 4 3 ♣A 5 ♦4

首攻人：♠10 6 4 3 2 ♥J 9 2 ♣8 ♦7

明手下家：♠A K ♥Q 7 5 K 7 ♣K Q 10 9 3 2 ♦2

庄家：♠7 ♥A K Q J 10 9 6 3 2 ♣A J 6 ♦9

◎ **打牌过程**

出牌	W	N	E	S
第 1 轮	♦ 8 ▲	♦ 4	♦ Q	♦ 6
第 2 轮	♦ 7	♦ 5	♦ 2 ▲	♦ J
第 3 轮	♣ 4	♣ A	♣ 7	♣ 2 ▲
第 4 轮	♥ 2	♥ 3 ▲	♥ 5	♥ K
第 5 轮	♣ 5	♥ 4	♣ K	♣ 9 ▲
第 6 轮	♠ 2	♠ 5	♦ 3 ▲	♦ A
第 7 轮	♣ 8	♥ 6	♦ 9	♣ Q ▲
第 8 轮	♠ 3	♥ 8	♥ 7	♣ J
第 9 轮	♠ 4	♠ 8	♦ 10	♣ 10 ▲
第 10 轮	♠ 6	♠ 9	♥ Q	♣ 3
第 11 轮	♥ 9	♥ 10	♦ K	♣ 6
第 12 轮	♥ J	♠ J	♠ K	♥ A ▲
第 13 轮	♠ 10	♠ Q	♠ A	♠ 7 ▲

结果：

在牌局中，防守方拿到 3 个赢墩，定约方拿到 10 个赢墩，超 1 墩（目标墩数为 9 墩），完成牌局定约。

说明

1. 表格中带有三角形标识的玩家，为每一轮出牌的首出者。

2. 表格中浅红底色为定约方的赢墩标记，浅灰底色为防守方的赢墩标记。

◎ **案例解析**

牌局打法解析

西家（首攻人）首攻 ♦ 8。

庄家第 1 轮不出 ♦ A 顶牌，选择让牌。这样出牌可以避免被挤牌，同时保留了用 ♦ A、J 去防守明手下家手里方片长套的优势。后续出牌如果明手下家继续打出方片，那么庄家就可以用 ♦ A 或 ♦ J 去顶牌，赢牌后就可以转攻自己手里的梅花长套。

当明手下家转攻♠A、K，明手可以出黑桃小牌，等明手下家打完黑桃，庄家就可以借助手牌中的大牌拿到出牌权，然后再出北家（明手）手里的Q、J，首攻人和明手下家就无大牌可用，此时Q、J就是能拿到的赢墩。

注意，第6轮出牌，明手下家选择出方片，而不是黑桃，目的在于引出庄家手里的♦A，从而建立自己手里的方片长套，计划等庄家打出黑桃时，自己就可以用♠A、K去顶牌，进而转攻手中方片长套。结果，庄家把黑桃放在牌局最后打出，让明手下家的计划落空，令手里的♠A、K，只成功兑现了1墩。

牌例分析与总结

1. 南北方（定约方）的两副手牌牌点共计22点，只有4个确切赢墩。牌型上，南、北家各有1个单张。按照叫牌原则，定约3NT需要26点及以上的牌点，本局定约打3NT，具有一定风险性。

2. 方片为防守方开叫花色，且为庄家短套花色，属于高风险花色，应重点防范。而红桃花色，则是防守方的短套花色，是明手的长套花色且牌点都偏小。

3. 建立方片长套，是该牌局完成定约的关键。庄家和明手下家都在计划建立长套，什么时候开始建立长套、如何去建立长套，是本牌局的打法重点。

5.3 实战牌例3

局况	发牌方（开叫）	定约	叫牌过程	N	E	S	W
					—	2NT	—
双方无局	东家	南：4♥		3♣	—	3♥	—
				—	—	4♥	—

明手（N）：♠ Q 8 3　♥ J 10 6 2　♣ 8 4　♦ K 9 4 2

首攻人（W）：♠ 10 7 4　♥ A 7 3　♣ 9 6 5 2　♦ Q 8 3

明手下家（E）：♠ 9 6 2　♥ 9 5　♣ K 10 7 3　♦ A 10 7 6

庄家（S）：♠ A K J 5　♥ K Q 8 4　♣ A Q J　♦ J 5

◎ 打牌过程

出牌	W	N	E	S
第 1 轮	♥3 ▲	♥2	♥5	♥Q
第 2 轮	♥A	♥6	♥9	♥4 ▲
第 3 轮	♥7 ▲	♥10	♠2	♥8
第 4 轮	♠4	♠3 ▲	♠6	♠K
第 5 轮	♠7	♠8	♠9	♠A ▲
第 6 轮	♠10	♠Q	♣3	♠J ▲

（续表）

出牌	W		N		E		S	
第 7 轮	♣2		♣4	▲	♣K		♣A	
第 8 轮	♣5		♣8		♣7		♣J	▲
第 9 轮	♣6		♦2		♣10		♣Q	▲
第 10 轮	♦8		♦K		♦A		♦5	▲
第 11 轮	♦Q		♦4		♦6	▲	♦J	
第 12 轮	♣9	▲	♥J		♦7		♠5	
第 13 轮	♦3		♦9	▲	♦10		♥K	

结果：

在牌局中，防守方拿到 3 个赢墩，定约方拿到 10 个赢墩，正好满足完成定约需要的目标墩数 10 墩，完成牌局定约。

说明

1. 表格中带有三角形标识的玩家，为每一轮出牌的首出者。

2. 表格中浅红底色为定约方的赢墩标记，浅灰底色为防守方的赢墩标记。

◎ **案例解析**

牌局打法解析

西家（首攻人）首攻将牌♥3。

庄家手牌里有♣A、Q、J，其中 Q 或 J 有可能会成为输墩，因此庄家可以考虑飞♣K，争取拿墩。实际上，♣K 在明手下家手里，庄家手里的♣Q、J 这两墩牌基本都能拿到。

庄家在兑现♣Q 后转攻方片，先打缺牌张，以待后期将吃。

牌例分析与总结

1. 南北方（定约方）的两副手牌牌点共计 27 点，有 5 个确切赢墩。

2. 打有将定约时，如果首攻人没有找到最佳的首攻方向，并且在手里的将牌都是小牌的情况下，首攻将牌也是一种选择。这样，既可以减少对手交叉将吃赢墩的机会，也可以为自己手牌的其他花色牌留出防守机会。

3. 庄家在清将时，要留下 1 ~ 2 张将牌，以保持对牌局的控制。

5.4 实战牌例4

局况	发牌方（开叫）	定约	叫牌过程	N	E	S	W
						2NT	—
双方有局	南家	南：3NT		3♦	—	3NT	—
				—	—		

明手：♠Q 5 2　♥J 4　♣K Q J 5　♦J 8 6 2

首攻人（W）：♠A 9 4　♥10 9 8 7 2　♣9 7 2　♦K 7

明手下家（E）：♠J 10 8 3　♥Q 5　♣10 8 3　♦10 9 4 3

庄家（S）：♠K 7 6　♥A K 6 3　♣A 6 4　♦A Q 5

◎ 打牌过程

出牌	W	N	E	S
第1轮	♥10 ▲	♥J	♥Q	♥3
第2轮	♥2	♥4	♥5 ▲	♥A
第3轮	♦7	♦J	♦3	♦5 ▲
第4轮	♦K	♦2 ▲	♦4	♦A
第5轮	♣2	♣6	♦9	♣Q ▲
第6轮	♥7	♦8	♠3	♥K ▲

（续表）

出牌	W	N	E	S
第 7 轮	♣ 7	♣ J	♣ 3	♣ 4 ▲
第 8 轮	♣ 9	♣ 5 ▲	♣ 8	♠ A
第 9 轮	♥ 8	♣ Q	♣ 10	♣ 6 ▲
第 10 轮	♥ 9	♣ K ▲	♦ 10	♥ 6
第 11 轮	♠ A	♠ Q ▲	♠ 8	♠ 6
第 12 轮	♠ 4 ▲	♠ 2	♠ 10	♠ K
第 13 轮	♠ 9	♠ 5	♠ J	♠ 7 ▲

结果：

在牌局中，防守方拿到 3 个赢墩，定约方拿到 10 个赢墩，超 1 墩（目标墩数为 9 墩），完成牌局定约。

说明

1.表格中带有三角形标识的玩家，为每一轮出牌的首出者。

2.表格中浅红底色为定约方的赢墩标记，浅灰底色为防守方的赢墩标记。

◎ 案例解析

牌局打法解析

西家（首攻人）首攻♥ 10。

第 1 轮出牌，明手出♥ J 成功把明手下家的♥ Q 引出来，加上防守方手里还有其他红桃牌张，故而庄家第 1 轮不出大牌，选择出小牌♥ 3，让一轮，等对手玩家再次出红桃花色牌张时，庄家再用♥ A 或♥ K 压牌。

在牌局中，庄家出小牌，用明手的♦ J 去飞对手的♦ K。如果首攻人出♦ K，那么明手就出小牌。如果首攻人不出♦ K，那么明手就出♦ J，试探明手下家是否会出♦ K：假如打出，则庄家手里的♦ Q 就变成了能拿到的赢墩；假如不出，则明手的♦ J 就是赢墩。所以，庄家出小牌，用明手的牌去飞牌，是非常明智的。

第2轮出牌后庄家拿到出牌权，可以先选择飞方片，也可以继续攻红桃，注意不要把红桃放在牌局后期出。如果庄家将红桃留到牌局后期，对手手里没有红桃，同时庄家无法拿到出牌权，留在手里的红桃大牌就会被当作垫牌打出，从而损失1个赢墩。

本案例中，首攻人手中有多张红桃，在牌局后期没有了，这是为什么？

这是因为首攻人的红桃都是小牌，在庄家飞方片和集中出梅花的时候，首攻人的红桃就容易作为垫牌打出。

为什么首攻人不垫黑桃呢？

这是因为明手有3张黑桃，首攻人需要留着与之较量，故而在垫牌的时候就会优先考虑红桃。

牌例分析与总结

1. 南北方（定约方）的两副手牌牌点共计30点，并有7个确切赢墩，为平均牌型，没有长套优势。本案例飞牌和正确的花色出牌顺序，是完成定约的关键。

2. 何时让牌、何时暂停某一花色的出牌，对打无将定约是非常重要的。例如，在本案例中西家首攻红桃，庄家就可以猜测他手里红桃与其他花色的分布情况可能是5-4-2-2或者5-3-3-2，明手下家的手牌里就可能有2~3张红桃。为防止飞牌失败被明手下家回攻红桃时无牌可用，庄家就选择在第2轮出牌后暂停出红桃，转攻方片。

3. 庄家用◆5搭配◆J来飞牌，其巧妙之处就在于利用防守方K带小牌张留作回攻机会的可能性，抓住对方的防守心理赢取1墩。

4. 作为防守方，判断庄家的坐庄思路非常重要，就像在看见庄家出◆5时，应该能在第一时间判断出庄家采取的飞牌打法。

5.5 实战牌例5

局况	发牌方（开叫）	定约	叫牌过程	N	E	S	W
				1♠	–	2♦	3♥
南北有局	北家	北：4♠		4♠	–	–	–

庄家：♠Q J 10 9 8 5 3　♥A 6 5 4　♦J 2

明手下家：♠A K 4　♥K Q J 10 9　♣9 7 5 3 2

首攻人：♠2　♥7 3 2　♣A Q J 4　♦8 7 6 5 4

明手：♠7 6　♥8　♣K 10 8 6　♦A K Q 10 9 3

◎ 打牌过程

出牌	W	N	E	S
第 1 轮	♥9	♥A	♥2 ▲	♥8
第 2 轮	♠K	♠3 ▲	♠2	♠6
第 3 轮	♥K ▲	♥4	♥3	♠7
第 4 轮	♣2	♦2	♦4	♦A ▲
第 5 轮	♠4	♦J	♦5	♦K ▲
第 6 轮	♥Q ▲	♥5	♥7	♣6

（续表）

出牌	W	N	E	S
第 7 轮	♥ J ▲	♥ 6	♣ 4	♣ 8
第 8 轮	♠ A ▲	♠ 5	♦ 6	♦ 3
第 9 轮	♥ 10 ▲	♠ 8	♣ J	♣ 10
第 10 轮	♣ 3	♠ 9 ▲	♦ 7	♣ K
第 11 轮	♣ 5	♠ 10 ▲	♦ 8	♦ 9
第 12 轮	♣ 7	♠ J ▲	♣ Q	♦ 10
第 13 轮	♣ 9	♠ Q ▲	♣ A	♦ Q

结果：

在牌局中，防守方拿到 5 个赢墩，定约方只拿到了 8 个赢墩，定约打宕，宕 2 墩（目标墩数为 10 墩）。

说明

1. 表格中带有三角形标识的玩家，为每一轮出牌的首出者。

2. 表格中浅红底色为定约方的赢墩标记，浅灰底色为防守方的赢墩标记。

◎ 案例解析

牌局打法解析

东家（首攻人）首攻♥2。

从整个牌局来看，庄家有完成定约的机会。

庄家为完成定约，采取了钓将和优先兑现明手方片长套赢墩的打法，两种打法交叉进行，希望能尽快使对手清将，等对手清将后，庄家就能以手牌里的将牌优势，拿到赢墩。

庄家的打法是正确的，但是明手下家以将牌 A、K 和红桃长套的牌型优势，牵制住了庄家钓将与优先兑现方片长套赢墩的计划，使得庄家没有拿到足够多的赢墩，从而使定约被打宕。

牌例分析与总结

1.定约方和防守方的手牌都各自带有长套花色，且明手和庄家手牌中有方片和黑桃的强长套。同时，明手下家缺方片，并且红桃长套是连张的大牌。

2.明手将牌少，无法和庄家采用交叉将吃的方式来获取赢墩。

3.庄家的红桃为单张大牌带多张小牌的结构，主要的红桃大牌都在防守方手里，红桃成为明手的弱势牌。因此，本局牌的打法关键之一就是控制明手下家出红桃。

4.防守方手持将牌A、K，给定约方获取赢墩增加了难度。

5.6 实战牌例6

局况	发牌方（开叫）	定约	叫牌过程	N	E	S	W
					1♦	–	1♥
东西有局	东家	东：3NT		–	1NT	–	3NT
				–	–	–	

明手下家

♠8 4 ♥Q 10 9 8 ♣J 8 4 ♦K 10 8 2

明手 ♠A 7 3 ♥K J 6 4 ♣Q 10 ♦Q J 6 4

N / W E / S

庄家 ♠K 5 2 ♥A 2 ♣A 5 3 ♦A 9 7 5 3

明手 ♠Q J 10 9 6 ♥7 5 3 ♣K 9 7 6 2

首攻人

◎ 打牌过程

出牌	W	N	E	S
第1轮	♠3	♠4	♠K	♠Q ▲
第2轮	♦J	♦2	♦3 ▲	♣2
第3轮	♦Q ▲	♦K	♦A	♣6
第4轮	♥K	♥8	♥2 ▲	♥5
第5轮	♥4 ▲	♥Q	♥A	♥7
第6轮	♣10	♣4	♣3 ▲	♣K

（续表）

出牌	W	N	E	S
第 7 轮	♥6	♥10	♦5	♥3 ▲
第 8 轮	♥J	♥9 ▲	♦7	♠6
第 9 轮	♣Q ▲	♣8	♣5	♣7
第 10 轮	♠A ▲	♠8	♠2	♠9
第 11 轮	♦4 ▲	♦10	♦9	♠10
第 12 轮	♦6	♦8 ▲	♠5	♠J
第 13 轮	♠7	♣J ▲	♣A	♣9

结果：

在牌局中，防守方拿到 4 个赢墩，定约方拿到 9 个赢墩，正好是完成定约所需要的目标墩数，定约完成。

说明

1.表格中带有三角形标识的玩家，为每一轮出牌的首出者。

2.表格中浅红底色为定约方的赢墩标记，浅灰底色为防守方的赢墩标记。

◎ **案例解析**

牌局打法解析

南家（首攻人）首攻♠Q。

从整个牌局来看，庄家想如愿完成定约，需要重点考虑防守方的方片分布情况。如果防守方的方片按 2-2 或 3-1 形式分布，则庄家飞♦K 的成功率比较高，定约应该很容易完成。

可在本牌局中，防守方的方片按 0-4 形式分布。庄家采取的打法是，第 1 轮用♠K 拿墩，第 2 轮打出♦3，无论首攻人是否有方片跟出，明手都打出♦J。

如果明手下家有♦K 不出，那么明手的♦J 就拿到 1 墩。随后明手继续打♦Q，吸引明手下家出♦K，庄家再用♦A 顶牌，再拿 1 墩。最后庄家转攻红桃，把出牌权转给明手，让明手继续出红桃，引出明手下家手里的♥Q。此时，防守方手里红桃只剩小牌♥10、9、3，对庄家拿♥J 赢墩，就没有了威胁。

牌例分析与总结

1.东西方（定约方）的两副手牌牌点共计28点，有6个确切赢墩。如果首攻人拿到出牌权攻出梅花,就会对庄家完成定约造成一定威胁。

2.首攻人首攻♠Q,庄家可以推测他手上有黑桃长套,且为Q、J领头的4张或者5张。

3.明手只有2张进手张,对牌局的掌控力较弱。

4.打无将定约时,定约方拿到赢张越少,定约就越难完成。

5.7 实战牌例7

局况	发牌方（开叫）	定约	叫牌过程	N	E	S	W
				—		1♦	—
双方无局	东家	南：4NT		1♣	—	2NT	
				3♦	—	4NT	—
				—	—		

明手（北）：♠ 5　♥ K Q 10 6　♣ K Q 9 5 3　♦ A Q 6

首攻人（西）：♠ K 9 7 4 3　♥ 8 5 4 2　♦ J 10 8 5

明手下家（东）：♠ J 8 6 2　♥ A 3 2　♣ A 10 8 7　♦ 9 3

庄家（南）：♠ A Q 10　♥ J 9 7　♣ J 6 4　♦ K 7 4 2

◎ 打牌过程

出牌	W	N	E	S
第 1 轮	♠K ▲	♠5	♠2	♠A
第 2 轮	♣2	♣3	♣A	♣J ▲
第 3 轮	♠3	♣5	♠6 ▲	♠10
第 4 轮	♦5	♦Q	♦3	♦2 ▲
第 5 轮	♦8	♣K ▲	♣7	♣4
第 6 轮	♠4	♣Q	♣8	♣6
第 7 轮	♥4	♥K ▲	♥A	♥7
第 8 轮	♠7	♥6	♠8 ▲	♠Q
第 9 轮	♥5	♥Q	♥2	♥9 ▲
第 10 轮	♥8	♥10 ▲	♥3	♥J
第 11 轮	♦10	♦A	♦9	♦4 ▲
第 12 轮	♦J	♦6 ▲	♣10	♦K
第 13 轮	♠9	♣9	♠J	♦7 ▲

结果：

在牌局中，防守方拿到 2 个赢墩，定约方拿到 11 个赢墩，达到完成定约所需要的目标墩数，定约完成。

说明

1. 表格中带有三角形标识的玩家，为每一轮出牌的首出者。

2. 表格中浅红底色为定约方的赢墩标记，浅灰底色为防守方的赢墩标记。

◎ 案例解析

牌局打法解析

西家（首攻人）首攻♠K。

庄家想完成定约，找到正确的赢墩兑现顺序是关键，要先兑现梅花和红桃里的赢墩，最后再兑现方片里的赢墩。按这个顺序出牌，庄家就能拿到足够数量的赢墩。

在本局牌中，首轮出牌后庄家用♠A拿到出牌权，随后用♣J去引出防守方的A，为明手兑现梅花赢墩清除障碍。随后无论防守方攻何种花色，庄家都要争取到出牌权，继续按想好的赢墩兑现顺序出牌。

如果庄家在兑现了梅花赢墩之后，先选择兑现方片赢墩，那么到牌局后期，明手下家就能借助自己手牌里的♠J、♥A以及♣A等掌控牌局，庄家就会失去兑现红桃赢墩的机会，从而使定约被打宕。

牌例分析与总结

1.南北方（定约方）的两副手牌牌点共计27点，只有4个确切赢墩。方片为强势拿墩花色，相比之下，黑桃和红桃偏弱，但只要逼出防守方手里的♥A和♣A，对庄家就非常有利。

2.假如在牌局后期，明手下家掌握出牌权，攻出黑桃，对庄家来说就很不利，会影响拿墩。

3.打无将定约，当定约方的两副手牌里有4-4配合和5-3配合的长套花色时，庄家应先看花色里的牌张质量和进手方向，去考虑赢墩的兑现顺序。

4.打无将定约，通常牌局对战双方不断交换出牌权，并且在交换中争取己方需要的赢墩。就算已经拿到了足够的赢墩，也要尽力争取超墩，获得更多的分数。

5.8 实战牌例 8

局况	发牌方（开叫）	定约	叫牌过程	N	E	S	W
				1♦	—	1♠	—
				2♥	—	2♠	—
南北有局	北家	南：3♠		3♦	—	3♠	—
				—			

明手（N）：♠K J 9 ♥K 7 3 6 ♦A K 10 8 4 3

首攻人（W）：♠8 6 5 3 ♥Q 6 5 2 ♣Q J 8 4 ♦5

明手下家（E）：♠7 ♥A J 10 9 ♣K 10 7 2 ♦9 6 2

庄家（S）：♠A Q 10 4 2 ♥8 4 ♣A 9 5 3 ♦J 7

方位：N（上） W（左） E（右） S（下）

◎ 打牌过程

出牌	W	N	E	S
第 1 轮	♣4 ▲	♣6	♣7	♣9
第 2 轮	♣8	♥3	♣2	♣A ▲
第 3 轮	♠3	♠9	♠7	♠A ▲
第 4 轮	♠5	♠J	♦2	♠Q ▲
第 5 轮	♠6	♠K	♦6	♠10 ▲

（续表）

出牌	W	N	E	S
第 6 轮	♦5	♦A ▲	♦9	♦7
第 7 轮	♠8	♦K ▲	♦Q	♦J
第 8 轮	♣Q ▲	♦4	♣10	♣3
第 9 轮	♣J ▲	♦3	♣K	♣5
第 10 轮	♥2	♥7	♥A ▲	♥8
第 11 轮	♥5	♥K	♥9 ▲	♥4
第 12 轮	♥6	♦10 ▲	♥J	♠2
第 13 轮	♥Q	♦8	♥10	♠4 ▲

结果：

在牌局中，防守方拿到 4 个赢墩，定约方拿到 9 个赢墩，达到完成定约所需要的目标墩数，定约完成。

说明

1. 表格中带有三角形标识的玩家，为每一轮出牌的首出者。

2. 表格中浅红底色为定约方的赢墩标记，浅灰底色为防守方的赢墩标记。

◎ 案例解析

牌局打法解析

西家（首攻人）首攻♣4。

这局牌庄家想完成定约，采取的是先清将兑现手中长套赢墩的打法，几轮钓将之后，如果发现防守方的一个玩家清将，就知道了另一个玩家手里剩余的将牌数，随后再根据其余花色牌，考虑是否继续钓将。在这局牌中，由于庄家手里的将牌点数偏小，继续钓将就会失去对牌局的掌控，因此庄家暂停钓将，转攻有赢墩优势的方片长套，兑现赢墩。而手里的将牌则在牌局后期，以将吃取得赢墩，最终完成定约。

　　虽然防守方手牌有红桃和梅花这两种花色牌张的优势，但庄家选对了打法，也就让防守方的红桃优势没有了用武之地。

牌例分析与总结

1.南北方（定约方）的两副手牌牌点共计25点，除将牌外有3个确切赢墩。将牌按5-3分布，有6个连张大牌的将牌。梅花是定约方手牌的弱项，明手只有1张，而庄家虽然有4张，但仅有1个进张，其余3张均为小牌。

2.当防守方首攻小牌，就表示手牌里可能有此花色大牌，期望获得控制权。如果防守方首攻大牌，表示手里有连张，希望尽快获取赢墩。

3.庄家手里的♣A始终为赢墩，即使第2轮不出♣A，在庄家清将结束并保证有进手张后，♣A赢墩依然存在。

5.9 实战牌例 9

局况	发牌方 （开叫）	定约	叫牌过程	N	E	S	W
东西有局	东家	东：6♥			1♠	3♣	3♦
				−	3♥	−	4♥
				−	4NT	−	5♥
				−	6♥	−	−
				−			

明手下家

明手

W N E S

庄家

首攻人

◎ 打牌过程

出牌	W	N	E	S
第 1 轮	♣5	♣2	♣9	♣3 ▲
第 2 轮	♣8	♣7	♣A ▲	♣4
第 3 轮	♦3	♥2	♣K ▲	♣6
第 4 轮	♠7	♠5 ▲	♠A	♠4
第 5 轮	♦A	♦6	♦10 ▲	♦2
第 6 轮	♦5 ▲	♦K	♥7	♦4

（续表）

出牌	W	N	E	S
第 7 轮	♦8	♠J	♠K ▲	♠10
第 8 轮	♥9	♠6	♠9 ▲	♦7
第 9 轮	♦9 ▲	♠Q	♥8	♦J
第 10 轮	♥10	♠3	♠8 ▲	♣10
第 11 轮	♦Q ▲	♥3	♥Q	♣J
第 12 轮	♥J	♥5	♠2 ▲	♣Q
第 13 轮	♥A ▲	♥6	♥K	♥4

结果：

在牌局中，防守方拿到 1 个赢墩，定约方拿到 12 个赢墩，达到完成定约所需要的目标墩数，定约完成。

说明

1. 表格中带有三角形标识的玩家，为每一轮出牌的首出者。

2. 表格中浅红底色为定约方的赢墩标记，浅灰底色为防守方的赢墩标记。

◎ 案例解析

牌局打法解析

南家（首攻人）首攻♣3。

手牌中没有大牌，并且只有 1 张将牌，无论首攻人出将牌，还是出其他花色的牌。庄家都可以通过将牌拿到出牌权，先转攻梅花，后打缺方片，最后与明手交叉将吃，掌控牌局并取得足够数量的赢墩。

牌例分析与总结

1. 东西方（定约方）的两副手牌牌点共计 30 点，除将牌外有 5 个确切赢墩，有 8 张大牌的将牌，并且按 4–4 分布。定约方手里的方片、黑桃、梅花均是强势花色，可以有效取得赢墩。

2. 防守方手里虽然有足够多的将牌，但都是点数小的牌张，没有控牌能力，因此当定约方进行交叉将吃的时候，防守方就无法上手，也就无法掌控牌局，只能看着庄家拿墩。

附录
桥牌计分规则及相关分值速查表

　　虽然第二章已经详细介绍了桥牌计分的相关内容，但是由于桥牌计分的各项内容比较分散，不利于桥牌初学者计算牌局得分，故而此处把桥牌计分的各项分值整合起来，形成分值速查表，方便大家计算得分。

　　桥牌计分各分值速查表如下。

定约完成 – 墩分基本分分值速查			
有将定约（分高、低花色）	**未加倍**	**加倍**	**再加倍**
低花 – 每 1 墩的墩分	20	40	80
高花 – 每 1 墩的墩分	30	60	120
无将定约（不分高、低花色）	**未加倍**	**加倍**	**再加倍**
第 1 墩的墩分	40	80	160
从第 2 墩起，每 1 墩的墩分	30	60	120
定约完成 – 奖分分值速查			

每超 1 墩，奖分如下

无局方		有局方	
未加倍	**再加倍**	**未加倍**	**再加倍**
100	200	200	400
定约奖分			
定约方完成不成局定约	50		

（续表）

定约方完成任何加倍或再加倍定约	加倍：50　再加倍：100	
定约方完成成局定约	无局方：300	有局方：500
定约方完成小满贯定约	无局方：500	有局方：750
定约方完成大满贯定约	无局方：1000	有局方：1500

定约打宕 – 罚分分值速查

宕墩	无局方			有局方		
	未加倍	加倍	再加倍	未加倍	加倍	再加倍
宕 1 墩	50	100	200	100	200	400
宕 2 墩	100	300	600	200	500	1000
宕 3 墩	150	500	1000	300	800	1600
宕 4 墩	200	800	1600	400	1100	2200
宕 5 墩	250	1100	2200	500	1400	2800
宕 6 墩	300	1400	2800	600	1700	3400
宕 7 墩	350	1700	3400	700	2000	4000
宕 8 墩	400	2000	4000	800	2300	4600
宕 9 墩	450	2300	4300	900	2600	5200
宕 10 墩	500	2600	5200	1000	2900	5800
宕 11 墩	550	2900	5800	1100	3200	6400
宕 12 墩	600	3200	6400	1200	3500	7000
宕 13 墩	650	3500	7000	1300	3800	7600